W0177164

RHEE KUN HOO ist Psychiater und einer der beliebtesten und meistverkauften Essayisten Koreas. Er wurde 1935 als einziger Sohn eines ehemaligen koreanischen Unabhängigkeitsaktivisten geboren. 1960 wurde er verhaftet und verbüßte eine Haftstrafe als einer der Studentenführer der Aprilrevolution, einer demokratischen Bewegung gegen den damaligen Diktator. Nach seiner Freilassung setzte er sich für die Veränderung des missbräuchlichen psychiatrischen Systems in Südkorea ein und war der Erste, der im koreanischen Gesundheitssektor ein offenes Stationssystem und patientenfreundliche Behandlungsmethoden wie die Psychodrama-Therapie einführte. Seine Bücher haben sich in Korea insgesamt nahezu eine Million Mal verkauft.

RHEE KUN HOO

Wenn du schon
hundert wirst,

kannst du genauso gut
auch glücklich sein

Aus dem Englischen
von Sabine Schulte

Rowohlt Taschenbuch Verlag

Die englische Originalausgabe erschien 2024 unter dem Titel
«If You Live to 100, You Might as Well Be Happy» bei Ebury Publishing,
einem Imprint von Penguin Random House UK, London.

Deutsche Erstausgabe
Veröffentlicht im Rowohlt Taschenbuch Verlag,
Hamburg, Juli 2024
Redaktion Ulrike Gallwitz
Die Nutzung unserer Werke für Text- und Data-Mining
im Sinne von § 44b UrhG behalten wir uns explizit vor.
Covergestaltung zero-media.net, München
Coverabbildung FinePic®, München
Satz aus der Rosart bei Pinkuin Satz und Datentechnik, Berlin
Druck und Bindung CPI books GmbH, Leck
ISBN 978-3-499-01440-6

Inhalt

VIERTER TEIL
Die Vorteile des Alters

FÜNFTER TEIL
Ab heute glücklich und zufrieden

Wenn du schon hundert wirst,
kannst du genauso gut auch glücklich sein

Vorwort

Ich bin dieses Jahr siebenundachtzig geworden. Jeder sieht jetzt auf den ersten Blick, dass ich ein alter Mann bin. Meine Schritte sind mühevoll und so langsam, als hätte ich alle Zeit der Welt. Ich gehe gebeugt, und mein Haar ist unverkennbar weiß.

Vor acht Jahren bin ich auf der Treppe ausgerutscht und mit dem Kopf aufgeschlagen. Im Fallen dachte ich, dieser Sturz sei mein Ende. Doch nach einem Monat im Krankenhaus war ich zum Glück wieder auf den Beinen. Dennoch spüre ich die drohende Nähe des Todes seitdem deutlicher als zuvor.

Montaigne schrieb, die Bekanntschaft mit dem Tod befreie den Menschen, aber mir erscheint der Tod nach wie vor fremd und erschreckend.[1] Erst jetzt begreife ich, dass der Tod ein unvermeidlicher Teil meines Lebens ist, und ich lebe so gut, wie ich es vermag, und versuche, mit diesem unausweichlichen Schicksal zumindest ein Stück weit Frieden zu schließen.

Jeden Morgen vergegenwärtige ich mir mit geschlossenen Augen, was ich an diesem Tag vorhabe und wen ich treffen werde. Und wenn ich dann den ganzen Tag von einer Aufgabe zur nächsten haste, verschwinden die Gedanken an den Tod und lassen mich vorübergehend in Ruhe. Wie dankbar bin ich für diese Momente des Friedens!

Seit meinem Sturz verliere ich allmählich auch auf meinem noch guten Auge die Sehkraft. Bisher hatte ich mich immer auf den Computer verlassen, um mit der Welt in Verbindung zu bleiben. Ich habe im Internet Vorträge gehört, mich in Online-Communitys engagiert und mit Freunden ausgetauscht.

Aber jetzt kann ich nicht einmal mehr allein den Computer bedienen.

Da ich zu dieser Zeit einen ganzen Stapel Manuskripte zu bearbeiten hatte, wandte ich mich an meine Enkelkinder und bat sie, mir zu helfen. Sie sollten nach meinem Diktat schreiben, und diese Aufgabe übernahmen sie gern als eine Art Teilzeitjob. Die Zeit, die ich auf diese Weise mit den Enkeln verbrachte, half mir, über meinen Kummer angesichts der teilweisen Erblindung hinwegzukommen. Der Verlust der Gesundheit kann quälend sein, aber wenn man sich für ein «trotzdem» entscheidet und sich wirklich bemüht, kann man auch diesen Situationen etwas Positives abgewinnen. Wie ein altes koreanisches Sprichwort sagt: «Man lernt, statt mit den Zähnen auf dem Zahnfleisch zu kauen.»

Als junger Mann war ich überzeugt, dass ich mit harter Arbeit und bloßer Willenskraft die meisten meiner Träume verwirklichen könnte. Doch jetzt, nach fast einem Jahrhundert Lebenszeit, weiß ich, dass unsere Welt unlogisch und absurd ist. Nur wenige Dinge kann man durch harte Arbeit allein erreichen, und nichts widersteht dem Zahn der Zeit. Man könnte gar zu dem Schluss kommen, dass das Leben eine traurige Angelegenheit ist. Es ist ein Prozess, in dem man sämtliche Schwächen der eigenen Persönlichkeit kennenlernt.

Doch bei alldem gibt es auch einen Lichtblick. Schon die kleinsten Freuden können den Kummer, den das Leben mit sich bringt, vertreiben. Der anerkannte koreanische Autor und Aktivist Shin Young-bok schrieb in seinem Buch *Reflections from Prison*: «Selbst wenn man in tiefstem Kummer versinkt und man sich am liebsten auf der Stelle begraben lassen würde, bleibt das große Geheimnis des Lebens bestehen, dass ein solcher Kummer häufig durch kleinste Vergnügen gelindert werden kann. Es braucht keine übermäßige Freude, um einen abgrundtiefen Kummer zu ertragen und zu überwinden.»[2]

Ich würde es nicht wagen, mich mit diesem großen koreanischen Intellektuellen zu vergleichen, der zwanzig Jahre im Gefängnis verbrachte, aber im Grunde bin ich der gleichen Meinung. Die unvorhergesehenen Freuden eines Tages, den ich in vollen Zügen genieße, helfen mir, die Gefühle von Verlust und Hilflosigkeit zu überdecken, die mich angesichts all der vergangenen Jahre überkommen. Daher bin ich der Ansicht, dass man sich für ein glückliches Leben *entscheiden* muss. Das Leben ist so lange lebenswert, wie man sich auf diese kleinen Momente der Freude und des Lachens besinnt. Und diese Momente sind immer in greifbarer Nähe.

Seit ich 2013 in Südkorea mein erstes Buch veröffentlicht habe, hatte ich viele Gelegenheiten, in Kontakt mit meiner Leserschaft zu treten. Viele Leserinnen und Leser sind fasziniert von meiner Erfolgsgeschichte, denn mit Ende siebzig, längst im Ruhestand, wurde ich zum Bestsellerautor. Sie möchten wissen, wie ich zu meiner in diesem Buch dargelegten Lebenseinstellung gekommen bin: Spaß haben und gut altern. Eine der Fragen, die ich am häufigsten höre, ist daher: «Wie schaffen Sie es, so viel Spaß zu haben?» Und meine Antwort ist immer die gleiche: «Wann habe ich denn gesagt, ich *hätte* Spaß? Ich habe gesagt, ich *möchte Spaß haben*.»

Liebe Leserinnen und Leser, mein Leben war alles andere als ein Spaziergang. In jungen Jahren habe ich Tag und Nacht geschuftet, um über die Runden zu kommen, und als ich mich erst im Gefängnis und dann in der Armee wiederfand und vier Kinder zu ernähren hatte, war ich gezwungen, mit diesen Krisen umzugehen. Als Psychiater habe ich den größten Teil meines Erwachsenenlebens damit verbracht, die gerade erst entstehende psychiatrische Versorgung in Südkorea zu verbessern, was mich vor viele kleine und große Herausforderungen stellte. Alles in allem war mein Leben ein ganz gewöhnliches, Alltag und unerwartete Wendungen wechselten sich ab.

Und jetzt, im hohen Alter, ringe ich mit zahlreichen gesundheitlichen Problemen. Wie viel Spaß kann mir das wohl machen?

Aber ich versuche seit jeher, an jeder Situation Vergnügen zu finden und daraus ein Spiel zu machen. Auch wenn mein Leben vielleicht nicht im üblichen Sinne vergnüglich war, bin ich doch in meiner Glückssuche hartnäckig geblieben.

Manche Leser haben mich gefragt, wie es mir gelang, mich über so lange Zeit nicht nur einer, sondern mehreren Tätigkeiten zu widmen – ehrenamtlichen Aufgaben, wissenschaftlichen Studien, Wandern und Schreiben –, ohne in ein Burn-out zu geraten. Geplant hatte ich das nie. Wenn ich mir diese Dinge vorgenommen hätte, hätte ich wohl nicht lange durchgehalten. Aber ich wollte einfach bei allen diesen Tätigkeiten Spaß haben, und zwar solange ich Lust dazu hatte, und das war paradoxerweise der Schlüssel, der mich vor Überarbeitung bewahrte. Große Freude, die uns versagt wird, verwandelt sich in große Enttäuschung. Die kleinen Freuden des Alltags dagegen sind leicht zu finden, und eine Ansammlung kleiner Freuden kann irgendwann zum großen Glück werden.

In den mehr als fünfzig Jahren, in denen ich als Psychiater psychisch kranke Menschen behandelt und am College Medizin unterrichtet habe, bin ich der Frage nachgegangen: Was führt zu so viel emotionalem und psychischem Leid? Meiner Erfahrung nach gibt es dafür vor allem zwei Gründe: Der eine ist Bedauern über die Vergangenheit, der andere ist Angst vor der Zukunft. Beide Gefühle sind natürlich unvermeidlich, aber beide müssen im Zaum gehalten werden. Die Vergangenheit lässt sich nicht ändern, ganz gleich, wie groß das Bedauern darüber ist, und der Zukunft kann man nicht ausweichen, egal, wie sehr man sie fürchtet. Noch schlimmer aber ist, dass das Bedauern und die Angst die Freude dämpfen, die wir jetzt in der Gegenwart finden können.

Wenn Sie sich nachts manchmal voller Ängste und Bedauern im Bett wälzen, könnte das ein Zeichen dafür sein, dass Sie Ihr Leben so annehmen sollten, wie es ist. Ob Sie es als beklagenswert oder als befriedigend empfinden, es ist Ihr Leben, Ihr eigenes. Was lässt sich jetzt noch an den Fehlern ändern, die Sie damals gemacht haben? Schließlich haben Sie Ihr Bestes getan, oder nicht? Es ist Zeit, sich endlich selbst auf die Schulter zu klopfen und sich zu sagen, dass man sein Leben gemeistert hat und dass alles gut ist. Und für die Zukunft gilt: Ganz gleich, wie gut Sie darauf vorbereitet sind, Sie können dem unvermeidlichen Prozess des Alterns und dem Verlust, der vor Ihnen liegt, nicht entgehen. Ja, es ist wichtig, uns auf das, was uns erwartet, vorzubereiten. Aber wer nicht lernt, den nervösen, ängstlichen Geist zur Ruhe zu bringen, verpasst die Freuden, welche die Gegenwart bereithält.

Nichtwissen erzeugt Angst, und Wissen macht Mut. Das gilt für das ganze Leben. Je mehr wir vom Leben verstehen, desto besser sind wir auf das vorbereitet, was das Leben für uns bereithält. Wenn Sie jetzt gerade diese Lernphase durchmachen, wird mein Buch Ihnen hoffentlich eine Hilfe sein. Und in der Rückschau erkennen Sie vielleicht, so jedenfalls erging es mir, dass Sie Ihr Leben bisher nach ganz bestimmten Regeln gelebt und sich dabei spezifische Muster herausgebildet haben.

Natürlich werde ich im Folgenden meine persönliche Geschichte erzählen, und ich möchte nicht zu stark verallgemeinern. Aber ich wünsche mir, liebe Leserinnen und Leser, dass dieses Buch für Sie ein Ausgangspunkt wird, von dem aus Sie Leitprinzipien für Ihr eigenes Leben entdecken können. Die Regeln, die wir während des Lebens aufstellen und die für uns alle einzigartig sind, sind nämlich die besten Werkzeuge, um die Herausforderungen des Lebens zu bewältigen. Werkzeuge, die wir ein Leben lang geschmiedet haben – möglicherweise sogar, ohne es zu wissen.

ERSTER TEIL

Die bittere Wahrheit über das Älterwerden

1

Niemand altert gern

Ein Menschenleben lässt sich grob in fünf Phasen einteilen: Kindheit, Jugend, junges Erwachsenenalter, mittleres Alter und hohes Alter. Jeder Übergang von einer Phase in die nächste ruft unvermeidlich Gefühle der Unsicherheit und damit verbunden Angst und Schmerz hervor. Daher haben wir für diese Wechsel von einer Lebensphase in die nächste sogenannte Übergangsrituale erfunden. Diese Rituale kündigen die Veränderung der sozialen Rolle an und helfen dabei, die damit verbundenen Ängste zu bewältigen. In der Vergangenheit waren vor allem der achtzehnte Geburtstag, Hochzeiten und Beerdigungen solche Übergangsriten, heutzutage zählen auch der Studienbeginn oder die erste feste Anstellung dazu.

Doch lassen Sie uns einmal überlegen, ob wir Rituale für den Übergang ins Alter kennen. Mir fallen nämlich keine ein. In früheren Zeiten wurde in Korea der sechzigste Geburtstag als besonderer Tag groß gefeiert, mittlerweile aber springen wir gleich zum siebzigsten Geburtstag, der allerdings, selbst wenn er gefeiert wird, eine eher stille Veranstaltung bleibt. Nach all den gesellschaftlichen Veränderungen ist es schwierig geworden, genau zu entscheiden, ab wann wir heutzutage «alt» sind. Wie wir sehen, hat sich das Konzept des Alters mit der Zeit weiterentwickelt, und ich muss sagen, dass mich das ein wenig verwirrt.

Ich hatte einen Professor, den ich immer bewunderte und der mir nahestand. Als er emeritiert war, kam er noch recht häufig in die Universitätsklinik, in der ich arbeitete, weil er sich dort regelmäßig durchchecken ließ. Eines Tages hörte ich, dass an der Klinikpforte gestritten wurde. Anfangs beachtete ich das nicht weiter, weil ich glaubte, es ginge um ein kleines Problem mit einem unzufriedenen Patienten. Als aber der Streit zu Geschrei eskalierte, verließ ich rasch mein Büro. Ich traute meinen Augen nicht: Mein emeritierter Professor brüllte die Dame an der Pforte an. Ich führte ihn in mein Büro und fragte ihn, was geschehen war. Wie sich herausstellte, war er der Meinung, die Angestellte, die ihn nicht erkannt hatte, hätte ihm nicht genug Respekt entgegengebracht.

«Ich bin hier Emeritus ...»

Wenn ein Professor keine Lehrveranstaltungen mehr abhält, wird er natürlich immer seltener erkannt. Ein Universitätsbetrieb wird alle paar Jahre komplett umgekrempelt, weil ständig neue Studierende hinzukommen. Wer also erinnert sich nach einigen Jahren noch an einen emeritierten Professor, ganz gleich, wie sehr dieser Mann während seines Berufslebens geschätzt und verehrt wurde? Hinzu kommt, dass er nicht einmal der medizinischen Fakultät angehörte, sondern einer ganz anderen Abteilung – wie konnte er da der Dame an der Pforte einen Vorwurf machen?

Mein emeritierter Professor durchlebte offenbar gerade eine harte Phase, denn es fiel ihm nicht leicht, seine veränderte Rolle in der Gesellschaft zu akzeptieren. Das unerwartete Verhalten dieses angesehenen Gelehrten, den ich als Menschen sehr bewunderte, machte mich betroffen. Dass der Übergang ins hohe Alter selbst von einem so großartigen Menschen einen derart hohen Tribut forderte, war für mich ein Beweis dafür, dass der Beginn dieser neuen Lebensphase uns vor große Herausforderungen stellt. Mein eigener Ruhestand war nicht mehr allzu weit entfernt, und an jenem Tag beschloss ich, mich darin zu üben, mein Leben als alter Mann lediglich unter dem Namen Rhee Kun Hoo zu führen – ganz ohne solche Titel wie

Professor oder Doktor. Ich verordnete mir eine Art Training im Altwerden.

Für meine ersten Übungen wählte ich die U-Bahn. Zunächst einmal waren die Fahrgäste in der U-Bahn Fremde, daher war es mir nicht so wichtig, was sie von mir denken würden. Und weil es bei uns in Korea Sitte ist, Sitzplätze für ältere Menschen freizumachen, würde ich genau sehen können, für wie alt meine Mitfahrer mich hielten. Ich mied in der U-Bahn die Plätze, die für Senioren bestimmt waren, und stellte mich absichtlich in die Nähe der anderen Sitzplätze. Da ich nicht während des Berufsverkehrs fuhr, mussten nur wenige Menschen überhaupt stehen. Ich schaute mich um und sah, dass ich vermutlich der älteste Mensch im Zug war. Direkt vor mir saß ein junger Mann, und ich war neugierig, ob er aufstehen und mir seinen Sitzplatz anbieten würde, so, wie es üblich ist. Aber über mehrere Stationen hinweg rührte er sich nicht. Er schloss sogar die Augen, als wollte er meinem Blick ausweichen. Das forderte mich auf seltsame Art und Weise heraus, und ich dachte: Na, mal sehen, wie lange du das aushältst!

Ich möchte ehrlich zu Ihnen sein, meine lieben Leserinnen und Leser, ich hatte noch nie daran gedacht, mich auch nur in die Nähe der Plätze zu begeben, die in den U-Bahnen für Alte und Behinderte reserviert sind. Ich war immer der Ansicht gewesen, dass diese Sitze für Personen bestimmt waren, die sie wirklich brauchten. Ich hatte mich auch nie berechtigt gefühlt, allein aufgrund meines fortgeschrittenen Alters und ohne wirklich körperliche Probleme oder Beeinträchtigungen zu haben, diese Sitze nutzen zu können. Und diesen Standpunkt vertrat ich auch, wenn jemand mir – oder überhaupt älteren Menschen – seinen Platz anbot. Aber jetzt, da ich erkunden wollte, wie ich als älterer Mitbürger draußen in der Welt behandelt wurde, irritierte mich das Verhalten des jungen Mannes. Und so blieb ich während der ganzen Fahrt bis zu meinem Ziel vor ihm stehen und durchbohrte ihn mit meinen Blicken.

Es war ein schockierendes erstes Experiment. Aber da ich mir nicht auf der Grundlage eines einzigen Erlebnisses eine Meinung bilden wollte, stieg ich in eine weitere U-Bahn. Dieses Mal sprang sofort ein Schüler auf.

«Großvater, bitte setzen Sie sich doch.»

Und wieder war ich schockiert. Wie bitte? Großvater? Ich stellte fest, dass ich über diesen Schüler genauso empört war wie über den jungen Mann, der nicht für mich aufgestanden war. Peinlich berührt sagte ich zu ihm: «Ist nicht nötig, ich steige an der nächsten Haltestelle aus.»

An der nächsten Haltestelle verließ ich hastig die Bahn, obwohl ich eigentlich hätte weiterfahren wollen. Leise sagte ich zu mir selbst: «Was bist du doch für ein Heuchler! Du möchtest wie ein Senior behandelt werden, aber niemand soll dich Großvater nennen, puh!»

Vor diesem Erlebnis hatte ich mich immer für einen entspannten, lockeren Menschen gehalten, dem Alter, Hierarchien oder Autoritäten herzlich egal waren. War ich nicht immer der antiautoritäre Vater, der freundliche Student und der bescheidene Arzt gewesen? Und jetzt regte ich mich über diese völlig fremden Menschen auf, weil ich fand, dass sie mich nicht meinem Alter angemessen behandelten. Ich spürte, wie meine Wangen vor Scham über diese bittere Wahrheit brennend heiß wurden. Ich war nicht anders als ein Jugendlicher, der auf seine Rechte pocht, aber seine Pflichten vernachlässigt – ich wollte zwar den gebotenen Respekt für mein Alter, aber man sollte mich nicht wie einen alten Mann behandeln. Was für eine Doppelmoral!

Seit jenem Tag arbeite ich an mir, um diese Einstellung zu verändern. Erstens war «Großvater» zu dem Zeitpunkt eine völlig richtige Bezeichnung für mich, denn ich würde ganz bald in den Ruhestand gehen. Und zweitens ist es in Südkorea üblich,

Männer, die ein gewisses Alter überschritten haben, mit diesem respektvollen, freundlichen Begriff anzureden. Man spricht einander in der Regel – insbesondere in formellen Beziehungen – mit dem beruflichen Titel oder der Altersbezeichnung an. Das heißt, für jüngere Menschen bin ich selbstverständlich «Großvater», wenn nicht gar «Herr Doktor». Trotzdem hatte ich offenbar einen inneren Widerstand dagegen. Aber ob Widerstand oder nicht, ich würde weder meinen Alterungsprozess aufhalten können noch über Nacht auf wundersame Art und Weise verjüngt werden. Jetzt ging es einfach darum, die altersbedingten Veränderungen anzunehmen. Und wenn ich mein Alter nicht akzeptierte, würde ich nur mir selbst schaden und sonst niemandem. Solange ich das nicht lernte, würde ich mich jedes Mal wieder angegriffen fühlen, wenn mich jemand als «Großvater» titulierte.

Über solche Umwege kam ich dahin, mein Alter zu erkennen und es anzunehmen. Nach viel Training kann ich jetzt glücklicherweise lächeln, wenn junge Menschen mir in der U-Bahn ihren Sitzplatz anbieten, und ich vergesse nicht, mich dafür zu bedanken. Wenn sie mir keinen Sitzplatz anbieten, werde ich auch nicht mehr zornig. Ich nehme einfach an, dass sie wohl erschöpft sein müssen. Das ist der kostbare Friede, den ich nach diesem wichtigen Übergangsritus erlangt habe: Ich habe mein Alter akzeptiert.

Mir scheint, in meinen Kreisen haben viele Menschen wohl oder übel diese psychischen «Kinderkrankheiten» durchlebt. Denken Sie daran, liebe Leserinnen und Leser, es ist vollkommen normal, sich auf so widersprüchliche Weise zu ärgern – weil man einerseits nicht als alt angesehen und andererseits mit Respekt dem Alter gegenüber behandelt werden will. Falls Sie eines Tages merken, dass Sie mit diesen widersprüchlichen Gefühlen ringen, machen Sie sich keine Vorwürfe, sondern betrachten Sie diesen Kampf als Teil des Übergangsrituals. Nach diesem Übergang erwartet Sie ein friedliches Leben, das verspreche ich Ihnen.

Der Amerikaner Michael Kinsley, ein politischer Journalist und Autor, bekam mit zweiundvierzig Jahren die Diagnose Parkinson und musste einen deutlich schnelleren Alterungsprozess durchleben als die meisten anderen Menschen. Während dieser drastischen Veränderungen schüttete er in einem Buch mit dem Titel *Old Age: A Beginner's Guide* sein Herz aus. In diesem Buch berichtet Kinsley, dass er jeden Morgen vor der Arbeit schnell noch zum Schwimmen ging. Eines Morgens begegnete ihm dabei ein alter Mann. Der Mann lachte leise und gestand Kinsley: «Ich bin neunzig Jahre alt!»

Kinsley erwiderte: «Wow, Sie sehen viel jünger aus!»

Das schmeichelte dem Ego des Mannes, und mit stolzgeschwellter Brust verkündete er: «Ich war Richter!»

Kinsley schreibt, dass sich sofort im Anschluss auf dem Gesicht des Mannes die Erkenntnis abzeichnete, wie absurd und irrelevant seine Bemerkung in dem Moment gewesen war. Ihm war offenbar klar geworden, dass er es übertrieben hatte. Kinsley verließ den Unbekannten im Schwimmbad mit genau dem Gedanken, den jener gar nicht erst hatte aufkommen lassen wollen: Der alte Knacker hat's hinter sich.

Wir alle haben wohl schon peinliche Momente wie diesen erlebt. Ich selbst bin da natürlich keine Ausnahme. Als ich jung war, graute mir vor den langen Geschichten, die meine Professoren erzählten und die immer mit «Früher ...» begannen. Aber Sie sollten mich heute mal hören – ich selbst bin gar nicht so anders! In Gesellschaft jüngerer Kollegen versuche ich seit jeher, mich zu beherrschen. Doch stellen Sie sich einmal ein Treffen von Ruheständlern vor – das ist ein echtes Spektakel! Unsere Gespräche drehen sich um unsere vergangenen Ruhmestaten. Und warum ist das so? Ich verrate es Ihnen: Wir wollen unsere weniger glorreiche Gegenwart aufpolieren.

Es gibt ein altes Sprichwort, das während des Koreakriegs sehr beliebt war unter Flüchtlingen, die in den Süden kamen: «Im Norden hatte ich stets ein goldenes Kalb bei mir, egal, wohin ich ging». Diese Prahlerei war natürlich der Versuch, sich über ihre jetzige Armut hinwegzutrösten.

In dem bekannten koreanischen Song «The World is a Wonderful World» macht Shin Shin Ae sich Gedanken über die Gerechtigkeit des Lebens. Im Text geht es darum, dass Gewinner im Leben immer weiter gewinnen, während Verlierer weiter verlieren. Ja, Gewinner haben es leicht und Verlierer nicht. Sogenannten Losern würde es natürlich schwerfallen, ihre Unterlegenheit anzuerkennen. Der Psychologe Alfred Adler führte in seinen bahnbrechenden Arbeiten den Begriff des Minderwertigkeitskomplexes ein, und er betrachtete das Gefühl der Minderwertigkeit als Motivation, die eigene, nicht zufriedenstellende gegenwärtige Situation zu verbessern. Es ist also nicht immer schlecht, wenn man Verluste erleidet oder versagt. Im schlimmsten Fall jedoch kann aus einer Verkettung solcher Erlebnisse ein Minderwertigkeitskomplex entstehen. Und dieser wiederum kann zu Verzweiflung über die eigene Hilflosigkeit, mangelnder Motivation oder auch zu Selbstbetrug führen, wenn man nämlich die vermeintliche eigene Minderwertigkeit versteckt und versucht, sich anderen überlegen zu fühlen.

Es überrascht nicht, dass der Kapitalismus sich unsere Minderwertigkeitsgefühle und Unsicherheiten zunutze macht. Als ich noch in der Lehre tätig war, bekam ich in meinem Büro einmal Besuch von einem Vertreter, der Enzyklopädien verkaufte. Dieser Mann drängte mich zum Kauf einer solchen Enzyklopädie. Er argumentierte, dass ein Gelehrter, ja, dass jeder seriöse Wissenschaftler, der etwas auf sich halte, diese britische Enzyklopädie unbedingt brauche. Aber ich war mir nicht sicher, ob ich es mir leisten könnte, einen Band nach dem anderen zu erwerben, und schließlich konnte ich mir die Bände ja bei Bedarf auch aus einer Bibliothek ausleihen. Daher lehnte ich ab und sagte, ich hätte kein Geld dabei. Statt sich daraufhin schnell zu verabschieden, bot mir der Vertreter an, mir ein tolles Kreditmodell vorzustellen, falls ich daran Interesse hätte. Als ich nur weiterhin den Kopf schüttelte, zog er schließlich sein Ass aus dem Ärmel:

«Aber Herr Professor! Sie sollten sich wirklich schämen, dass Sie diese Enzyklopädiebände nicht besitzen!»

Ja, der Mann wollte aus meinen Minderwertigkeitsgefühlen Kapital schlagen. Ich antwortete: «Natürlich, ich schäme mich ja auch in Grund und Boden.»

Der Vertreter hob die Hände und gab nach. Er erklärte mir sogar, warum er gegen Ende des Gesprächs immer diese aggressive Taktik anwandte. Er besaß eine Anleitung, wie man Menschen so manipulierte, dass sie die Enzyklopädie kauften, und die allerletzte Strategie in diesem Handbuch war ein Angriff auf den Stolz des potenziellen Käufers. Was wäre gewesen, wenn ich an jenem Tag genug Geld bei mir gehabt hätte? Dann hätte ich den Köder vielleicht geschluckt und den Kauf später bereut. Minderwertigkeitsgefühle sind in der Tat kraftvolle Emotionen.

Gerade im Alter sollte man sich vor Minderwertigkeitsgefühlen hüten, denn vieles klappt nicht mehr so, wie man es gern hätte. Vor allem geht die wunderbare Gesundheit der jungen Jahre verloren. Mit geringerer Widerstandskraft wird man natürlich auch anfälliger für depressive Gefühle. Außerdem werden die finanziellen Mittel und der gesellschaftliche Einfluss weniger. Das gilt insbesondere in einer Gesellschaft wie der südkoreanischen, die so viel Wert auf Positionen und Titel legt. An welcher Universität man studiert hat, der gesamte Bildungshintergrund, offizielle Titel, welche Positionen in Unternehmen man hat – all das sind Zuschreibungen, die dazu dienen, Menschen einzuteilen und Hierarchien zu etablieren.

Daher ist es verständlich, dass Ruheständler, die in ihrem Arbeitsleben Ruhm und Ehre genossen, solche Etiketten jetzt vermissen, sodass es ihnen erst recht schwerfällt, ihre neue Realität zu akzeptieren. Wahrscheinlich ist das auch der Grund, weshalb manche sich sogar neue Visitenkarten drucken lassen, auf denen alle ihre früher erworbenen Titel aufgelistet sind: Sie wollen klarstellen, dass ihre bescheidene Gegenwart ihre glorreiche Vergangenheit nicht widerspiegeln kann.

Ich verstehe durchaus, was diese Menschen bewegt. Es ist hart, das Leben so anzunehmen, wie es ist, mit allen Veränderungen, die der Lauf der Zeit mit sich bringt. Wir alle sehen zwar ein, dass es keine andere Möglichkeit gibt, aber im Herzen fällt uns dieses Akzeptieren trotzdem schwer. Wenn wir uns jedoch weigern, uns auf die neue Realität einzulassen, tun wir uns damit nichts Gutes, und die daraus entstehenden Minderwertigkeitsgefühle können zu Überreaktionen führen. Vielleicht erwartet man dann nur aufgrund früherer Titel überall eine bevorzugte Behandlung, belehrt ungefragt jüngere Generationen oder aber verflucht aus lauter Verachtung die ganze Welt und verhält sich wie ein alter Griesgram.

Manche Leute geben ein Vermögen für plastische Chirurgie aus, um ihr jugendliches Aussehen wiederzugewinnen, oder sie nehmen wie besessen ungeheure Mengen an Nahrungsergänzungsmitteln ein und nutzen Hardcore-Trainingsgeräte – zum Leidwesen ihrer Umwelt.

Aber Altern ist ein Schicksal, dem niemand entgehen kann. Für uns alle sind die besten Jahre irgendwann vorbei. So wie alle Lebensformen irgendwann dem Ende entgegengehen, begeben auch wir Menschen uns nach unserer biologischen und sozialen Blütezeit auf einen abschüssigen Weg. Und wenn dieser Weg beginnt, kann selbst das Prahlen mit der eigenen Vergangenheit die Gegenwart nicht verändern. Obwohl man dann in quälenden Minderwertigkeitsgefühlen versinkt, hat man von seinen Mitmenschen kein großes Mitgefühl zu erwarten. Das ist zwar unbarmherzig, aber es ist die naturgegebene Wahrheit des Lebens. Wie töricht ist daher dieses sinnlose Ringen um ein vergangenes Selbst!

Wenn mich jemand nach der wichtigsten Fähigkeit fragen würde, die man im Leben braucht, würde ich spontan antworten, es ist *jung-gyeon*, die Fähigkeit, die Dinge so zu sehen, wie sie sind, und auch sich selbst so zu sehen, wie man ist. Im Alter brauchen wir diese kluge Selbstwahrnehmung. Wir müssen unserem körperlich schwächer werdenden, gesellschaftlich zurücktretenden und finanziell weniger konkurrenzfähigen Ich direkt ins Auge blicken. Falls Sie das wütend macht, akzeptieren Sie Ihre Wut und gestehen Sie sich ein, dass Sie zornig sind. Das Alter ist keine Strafe. Ihre Vergangenheit war großartig, und Ihre Gegenwart ist gut, so wie sie ist. Liebe Leserinnen und Leser, befreien Sie sich vom selbstzerstörerischen Gefühl der Minderwertigkeit.

2

Wir werden nicht gesünder

Ich habe einmal einen Professor von mir besucht, nachdem er im Krankenhaus gewesen war. Nach Abschluss seines Studiums im Ausland war er bereits mit Ende zwanzig Professor geworden, was damals an sich schon eine große Leistung war. Nach seiner Emeritierung litt er jedoch unter beginnender Demenz, und bald konnte er sein Zuhause nicht mehr verlassen und musste gepflegt werden. Als ich ihn besuchte und ihn fragte, ob er mich erkennen würde, lächelte er nur. Er konnte nicht einmal mehr auf Koreanisch seinen Namen buchstabieren. Was war mit meinem genialen Professor geschehen, der uns Studenten auf Englisch unterrichtet hatte, als wäre es seine Muttersprache? Es zerriss mir das Herz. Noch schlimmer jedoch war, wie seine Frau mir gestand, dass die Demenz inzwischen auch den Charakter dieses früher so sanften Mannes beeinflusste. Er könne jetzt handgreiflich werden, sagte sie, und damit umzugehen sei sehr schwierig.

Seit ich selbst ein alter Mann bin, fürchte ich mich am meisten vor dem Tod und vor dem Kontrollverlust, der mit einer Krankheit einhergehen kann. Aber was wurde mit Furcht jemals erreicht? Es gibt keinen narrensicheren Weg, um sich vor sämtlichen Krankheiten zu schützen, schon gar nicht, wenn der Körper altert. Was kann ich also tun, außer wachsam zu bleiben und mich gut um meine Gesundheit zu kümmern?

Mit dem Alter lässt die Gesundheit nach, das ist ganz natürlich. Trotzdem hat man vielleicht noch Momente, in denen man sich kerngesund fühlt, doch sie sind schnell vorüber, und insgesamt spürt man ein allmähliches, aber stetiges Nachlassen der Kräfte. In der Medizin spricht man in diesem Zusammenhang von irreversiblen Prozessen, sie sind also nicht rückgängig zu machen – genauso wenig, wie man die Zeit zurückdrehen kann. Der menschliche Körper unterliegt von Natur aus dieser Unumkehrbarkeit der Abbauprozesse. Letztlich ist er dem Verfall geweiht, und irgendwann tritt der Verlust sämtlicher Funktionen ein. Niemandem von uns ist es je gelungen, diesem Schicksal zu entgehen.

Sich vor schlechter Gesundheit zu fürchten oder sie schlichtweg zu leugnen zieht also bloß weiteres Leiden nach sich. Im hohen Alter wächst die Anzahl der Krankheiten nur noch, sie geht nicht mehr zurück. Wenn sich also wieder eine neue Krankheit zeigt, sollten Sie nicht zu hart mit sich ins Gericht gehen, weil Sie vermeintlich nicht perfekt für Ihre Gesundheit gesorgt haben – nein, das ist einfach der Lauf des Lebens. Und da die Krankheiten nicht wieder verschwinden – ich sage Ihnen das nur sehr ungern, meine lieben Leserinnen und Leser –, ist es am besten, wenn Sie lernen, damit umzugehen.

Ich habe zurzeit sieben gesundheitliche Probleme. Diabetes und Bluthochdruck sind chronische Alterserscheinungen, aber zudem leide ich unter einem Bandscheibenvorfall, Gicht, Gallensteinen und einer koronaren Herzkrankheit, noch dazu bin ich auf dem linken Auge blind. Es gibt keine Möglichkeit, mein Augenlicht wiederherzustellen, aber dank einer Reihe von erfolgreichen Operationen und regelmäßigen Kontrolluntersuchungen kann ich trotz meines Bandscheibenvorfalls und der koronaren Herzkrankheit recht angenehm leben. Merkwürdigerweise sind die beiden gesundheitlichen Probleme, die mich wirklich nervös machen, der Diabetes und der Bluthochdruck, denn sie sind chronisch und erfordern täglich Aufmerksamkeit. Anfangs habe ich versucht, meinen Gesundheitszustand zu verbessern: Ich habe Diät gehalten, und an Tagen, an denen ich zu viel gegessen hatte, sehr diszipliniert lange Spaziergänge gemacht. Als ich die Diagnose bekam, arbeitete ich am Ewha Womans University Hospital, daher lief ich tagtäglich durch Jongno, den ältesten Stadtteil und das Zentrum Seouls, und versuchte, auf meine zehntausend Schritte zu kommen. Aber es fiel mir schwer, diese Bemühungen aufrechtzuerhalten. Schließlich wurde mir klar, dass ich meine Krankheiten von nun an als ständige Begleitung akzeptieren musste, statt sie als Probleme zu betrachten, die ich zu lösen hatte. Daher änderte ich meine Einstellung. Ich konzentrierte mich darauf, die Beschwerden unter Kontrolle zu halten, statt vergeblich zu versuchen, sie loszuwerden.

Hier sind die zwei Grundsätze, nach denen ich lebe, um meine chronischen Krankheiten zu beherrschen: Erstens setze ich vollstes Vertrauen in meinen Arzt und folge gewissenhaft seinen Anweisungen. Auch jetzt noch nehme ich meine Medikamente immer wie vorgeschrieben, pünktlich wie ein Uhrwerk. Ich verzichte jedoch darauf, allzu viel zu recherchieren oder meinen Arzt mit Fragen zu löchern. Ich schildere ihm nur neue, unangenehme Symptome. Dass ich selbst auch medizinisches Wissen besitze, heißt nicht, dass ich es mit Nachforschungen über meine eigenen Krankheiten übertreibe, denn aller Erfahrung nach führt das nur zu Stress und löst Ängste aus. Da ich mit diesen Krankheiten leben muss, ist es besser, wenn ich mich ihnen füge und sie in gewissem Maße bewusst ignoriere. Manchmal ist es dieses bewusste Ignorieren, das uns die Kraft und die Geduld verleiht, uns mit unseren Krankheiten abzufinden.

Zweitens konzentriere ich mich nicht darauf, das zu tun, was meiner Gesundheit zuträglich ist, sondern darauf, das zu unterlassen, was ihr schadet. Als ich begann, über meine Krankheiten zu sprechen, wollten viele meiner Bekannten mir helfen und empfahlen mir eine Unmenge von Medikamenten und ganzheitlichen Therapien. Ich probierte tatsächlich eine Reihe davon aus, aber ich kann, ehrlich gesagt, ihre Wirkung nicht bezeugen. Eigentlich bewirkten sie nicht viel mehr, als meinen Stress zu vergrößern, weil sie meine tägliche To-do-Liste verlängerten! Daher beschloss ich, statt immer wieder Hoffnungen in derartige Experimente zu setzen, lieber die eindeutigen Fehler zu vermeiden, also nicht übermäßig zu trinken, nicht zu rauchen und keine Nachtschichten einzulegen. Ich wusste, dass ich diese einfachen Maßnahmen, die sich auf das Lassen statt auf das Tun beziehen, durchhalten kann.

So lebe ich seit mittlerweile mehr als dreißig Jahren recht gut mit meinen zahlreichen gesundheitlichen Problemen. Die täglichen Messergebnisse für Blutdruck und Blutzucker füllen jetzt insgesamt vierzig Notizhefte. Hätte ich mir das Ziel gesetzt, meine Krankheiten zu heilen, dann hätte ich mich schon vor langer, langer Zeit geschlagen geben müssen. Aber als ich einmal beschlossen hatte, nicht mehr dagegen anzukämpfen und gleichzeitig die Realität nicht zu leugnen, konnte ich viel besser damit umgehen. Ein alter Körper hat zwangsläufig ein paar gesundheitliche Probleme, und leider kann die Behandlung einer Krankheit manchmal zu einer weiteren Krankheit führen. Meine Diabetes-Diagnose zum Beispiel brachte mich anfangs vor allem deswegen aus der Fassung, weil der Diabetes eine Nebenwirkung der Medikamente war, die ich wegen meines Bandscheibenvorfalls einnahm. Für das psychische Gleichgewicht ist es also besser, wenn man nicht das unerreichbare Ziel anstrebt, körperlich vollkommen gesund zu sein. Denken Sie daran: Gesundheitliche Probleme bedeuten nicht, dass man unglücklich sein muss. Wenn man gut damit umgeht, kann das Leben nach wie vor zufriedenstellend sein.

In ein paar Jahren werde ich wahrscheinlich mit noch mehr als sieben Krankheiten umgehen müssen. Im hohen Alter ist die Zukunft ungewiss, und Ungewissheit macht Angst. Doch

Angst vor der Zukunft hilft nicht dabei, sich ihr zu stellen. Angst zieht nur weitere Angst nach sich. Es ist produktiver, den eigenen Gesundheitszustand zu akzeptieren und sich zu überlegen, wie man damit leben kann. Versuchen Sie daher, Ihre Krankheiten als übellaunige Freunde zu betrachten. Noch besser aber ist es, wenn Sie gar nicht erst probieren, Ihre Beschwerden irgendwie auszutricksen, sondern sie einfach annehmen. Seien Sie hinsichtlich Ihrer gesundheitlichen Ziele nicht zu ehrgeizig, sondern lernen Sie stattdessen, mit Ihren Krankheiten zu leben, indem Sie regelmäßig und kontinuierlich Gesundheitsfürsorge betreiben. Nur dann werden Sie die Kraft finden, mit dem Kranksein umzugehen, statt Ihr ganzes Leben davon bestimmen zu lassen. Beherzigen Sie meinen Rat, denn er stammt von einem Mann, der mittlerweile seit über dreißig Jahren mit sieben Krankheiten lebt.

3

Familiäre Bindungen

Vor Jahren zeigte einer meiner Enkelsöhne mir eines Tages ein Bild, das er in der Schule zum Thema «Familie» gemalt hatte. Ich war sprachlos. Mein Enkel hatte meine Frau und mich ausgelassen – dabei hatten sogar seine Haustiere Platz auf dem Bild gefunden. Mir wurde klar, dass ich in den Augen des Jungen offenbar weniger zur Familie gehörte als seine Tiere, und Bitterkeit stieg in mir auf.

Aber dann nickte ich, weil ich ihn verstand. Ja, ich war ein wenig traurig, aber mein Enkel hatte seine Wahrheit dargestellt. Wir waren zwar miteinander verwandt, aber wir lebten getrennt voneinander, daher musste er das Gefühl haben, dass seine Großeltern nicht zu seiner eigentlichen Familie dazugehörten. Es erinnerte mich an eine lang zurückliegende Situation. Damals war mein ältester Sohn in die Grundschule gegangen und hatte ebenfalls seine Familie malen sollen. Er hatte sich selbst, seine drei Geschwister, meine Frau und mich gezeichnet. Aber etwas an seinem Bild war merkwürdig. Ich – sein Vater – war darauf nur ein Körper ohne Gesicht. Mein Sohn war es gewohnt, mich an meinen freien Tagen schlafend zu sehen, unter Decken vergraben, sodass nur meine Füße herausguckten, und er hatte das gemalt, was er zu Hause immer sah. Es war ein ehrliches Bild.

Mittlerweile lebe ich mit meinen Enkelkindern unter einem Dach, und auf ihren Bildern sind jetzt auch meine Frau und ich zu sehen. Wie dankbar bin ich dafür! Außerdem haben wir unsere Familie um neue vierbeinige Freunde erweitert. Und ebenso, wie diese bezaubernden Haustiere zu wahren Lebensgefährten für uns wurden, wurden meine Frau und ich für unsere Enkelkinder echte Familienmitglieder.

Wir wohnen alle zusammen in einem großen Haus, und bei uns leben zwei Hunde und zahlreiche Katzen, darunter auch streunende Katzen, die wir versorgen. Bevor wir zusammenzogen, hatten wir bereits einen Hund, aber als das Haus bezugsfertig war, schenkten die Schwiegereltern meines jüngsten Sohnes uns zur Feier des Einzugs einen zweiten Hund, einen Jindo, das Nationaltier Koreas. Natürlich waren nicht alle in meiner Familie Hundeliebhaber, aber der Familienrat beschloss trotzdem, diesen Jindo zu behalten. Diejenigen, die keine großen Hundefans waren, blieben allerdings skeptisch.

Nach einer Weile mussten wir den Jindo, den wir Al Dong genannt hatten, zur Ausbildung zu einem Hundetrainer geben. Doch nach etwa einer Woche rief der Trainer uns an und sagte, Al Dong sei für das Ausbildungsprogramm nicht geeignet. Kurz, er wurde aus der Hundeschule geworfen! Wir alle waren niedergeschlagen und besorgt und befürchteten, dass Al Dong noch enttäuschter darüber sein könnte als wir. Doch wie sich bald herausstellte, ließ diese Erfahrung unseren Hund völlig kalt. Er freute sich einfach, die Familie wiederzusehen. Selbst die Familienmitglieder, die gegen seine Adoption gewesen waren, hatten die Sorgen der anderen geteilt und freuten sich jetzt mit.

Nicht lange nachdem Al Dong die Hundeschule hatte verlassen müssen, kam es zu einem Zwischenfall. Mein Schwiegersohn hatte etwas besonders Leckeres für Al Dong vorbereitet und fütterte ihn selbst. Um die klebrige Köstlichkeit aus der Futterschüssel zu lösen, stieß er die Schüssel mehrmals auf dem Fußboden auf. Diese Geste und das laute Klopfen veranlassten den Hund dazu, meinen Schwiegersohn in die Hand zu beißen. Interessanterweise war es mein Enkel – der Sohn meines Schwiegersohns – der darüber in Zorn geriet. Er konnte nicht hinnehmen, dass Al Dong es gewagt hatte, seinen Vater in die Hand zu beißen. Mein Enkel war der festen Überzeugung, dass der Hund für diese Missetat eingeschläfert werden müsse. Wie sehr bemühten wir uns, den Jungen zu beruhigen! Wir alle – meine ganze Familie – taten unser Möglichstes, um ihn von seinem Ansinnen abzubringen, wir redeten auf ihn ein und baten ihn flehentlich, Al Dong zu verzeihen. Doch erst nachdem mein Enkel eine Reihe von Geschenken erhalten hatte und wir ihm noch weitere Gefallen zugesagt hatten, vergab er dem Hund.

Inzwischen ist Al Dong ohne jeden Zweifel zu einem Familienmitglied geworden. Allein der Gedanke, dass er in unserer Abwesenheit das Haus bewacht, gibt uns das Gefühl von Sicherheit, und wir können uns gar nicht mehr vorstellen, nach Hause zu kommen, ohne dass Al Dong uns begrüßt. Wir haben viele freudige und auch traurige Momente mit ihm zusammen erlebt, genauso wie mit allen anderen Angehörigen unserer Großfamilie. Als wir jedoch Anfang der 2000er-Jahre das Haus bezogen, waren wir im Umgang miteinander oft noch befangen. Damals fanden wir Familienzusammenkünfte unangenehm und fühlten uns manchmal wie Fremde im eigenen Haus.

Aber mittlerweile wohnen wir seit über zwanzig Jahren unter einem Dach und lachen und weinen gemeinsam. Selbst wenn wir uns einmal im Streit entzweit haben, finden wir schnell wieder zusammen und bitten auch mal für ein anderes Familienmitglied um Vergebung. All das hat uns zu einer echten Familie zusammengeschweißt. Jetzt wissen wir, wie wir einander behandeln müssen und was uns triggert, und erkennen mit einem Blick, was im anderen vorgeht.

Doch obwohl meine Frau und ich samt unserer tierischen Begleiter jetzt auf den Zeichnungen unserer Enkelkinder auftauchen, bin ich nicht ganz sicher, wie meine Stellung in der

Familie ist. Es gibt in Korea den schlechten Witz, dass Groß-eltern bei einem Umzug als Erste ins Auto einsteigen sollten, damit die Familie sie nicht versehentlich zurücklässt. Aber Scherz beiseite, an manchen Tagen, wenn Al Dong mich beim Nachhausekommen schwanzwedelnd begrüßt, frage ich mich, ob meine Stellung in der Familie ähnlich ist wie seine.

Vielleicht nehmen Sie an, liebe Leserinnen und Leser, dass die Blutsverwandtschaft völlig ausreicht, um sich als Fami-lie zu fühlen – so jedenfalls ging es mir früher. Aber im Alter muss man sich bewusst machen, was Familienangehörige in Wirklichkeit miteinander verbindet. Es braucht reichlich Zeit, man muss vieles ausprobieren, Fehler machen und gemeinsam Freuden und Mühen erleben, um zu einer wirklich unterstüt-zenden, liebevollen Großfamilie zusammenzuwachsen. Bluts-verwandtschaft allein führt nicht unbedingt zu tieferen fami-liären Bindungen. Was uns zu einer echten Familie macht, ist gemeinsam verbrachte Zeit, Tag für Tag. Und auch die Konflik-te, die Missverständnisse und die Tränen sind nötig, um echte Familienbande zu schmieden.

4

Wenn die Kinder zu unseren Eltern werden

Papa, du musst viel Wasser trinken.»
So stand es im vergangenen Sommer, als ganz Südkorea in der Hitze schmorte, eines Tages in einer E-Mail von meiner ältesten Tochter. Zusätzlich zu den offiziellen Hitzewarnungen bekamen meine Frau und ich jetzt immer wieder Erinnerungen von unseren Kindern. Jede Stunde kam ein Anruf oder eine Nachricht, dass wir viel Wasser trinken und daran denken sollten, uns auszuruhen. Natürlich setzte die Hitze uns älteren Menschen am meisten zu, aber auch unsere Kinder machten viel durch, weil sie sich um uns sorgten. Wir achteten also gehorsam darauf, genügend Flüssigkeit zu uns zu nehmen. All diese zahlreichen besorgten Ermahnungen meiner Kinder erinnerten mich daran, dass ich ein alter Mann war.

Schlimmer aber ist, dass ich mit meinen diversen Krankheiten eine Art «wandelndes Krankenhaus» bin. Kein Wunder also, dass meine Kinder sich Sorgen machen. Seit ich die Treppe heruntergefallen bin und mir den Kopf verletzt habe, ängstigen sie sich um mich. Als ich schließlich aus der Klinik entlassen wurde – zum Glück hatte ich mir nur oberflächliche Wunden und weder Knochenbrüche noch Hirnverletzungen zugezogen –, verboten meine Kinder mir das Bergwandern.

Was für ein niederschmetterndes Urteil! Ich bin in meinem Leben sehr viel in den Bergen gewandert und habe dabei immer Frieden gefunden. Ja, eine Weile verdrängte ich, wenn ich in die Berge ging, wie schwach ich geworden war. Doch als meine Kinder nun so weit gingen, mir das Wandern, insbesondere das geliebte Bergwandern, ganz und gar zu verbieten, war ich zutiefst erschüttert, und endlich musste ich der bitteren Wahrheit ins Auge sehen: Für diese Leidenschaft war ich nicht mehr fit genug! Aber es ist weise, im Alter auf seine Kinder zu hören, genauso, wie die Kinder in ihrer Jugend auf uns hörten. Diese Umkehrung der Rollen mag uns vielleicht ein wenig erniedrigend erscheinen, aber als alte Menschen müssen wir die Meinung der Kinder respektieren und manchmal sogar mit ihnen verhandeln, um zu einer Einigung zu gelangen, die eher in unserem Sinne ist. Ich jedenfalls habe das getan, und schließlich erlaubten mir meine Kinder, auf den ebenen, gut gepflegten Wanderwegen in Stadtnähe spazieren zu gehen.

An guten Tagen nehme ich gern ein Taxi zum Pavillon im Stadtviertel Buam-Dong, und von dort aus gehe ich zurück zu unserem Haus in Gugi-Dong. Aber selbst diese kleine Wanderung ist eine Freude, die ich mir mittlerweile nur noch ab und zu erlauben kann. Brütende Hitze, eisige Kälte, Regen oder Wind, der gelben Wüstenstaub mit sich bringt, bedeuten, dass ich zu Hause bleiben muss. Hinzu kommt mein Gefühl, von Mal zu Mal mehr Energie zu brauchen, um mich fertig zu machen und zu einem simplen Spaziergang aufzubrechen. Und eines Tages wird selbst ein Spaziergang zu riskant für mich sein. Ich mag mir gar nicht vorstellen, wie niedergeschlagen ich dann sein werde, da es mir doch jetzt schon so schwerfällt, mich mit dieser kleineren Einschränkung abzufinden. Aber was kann ich tun? Solange ich noch in der Lage bin, allein auf den Wanderwegen zu gehen, mache ich so viele Spaziergänge, wie es geht. Sie kann ich *jetzt* genießen, an ihnen habe ich jetzt, in der Gegenwart, meine Freude.

Zu den größten Veränderungen im hohen Alter zählen die Veränderungen des Körpers. Von nun an wird der Gesundheitszustand nur noch schlechter. Die Sehkraft lässt nach, ebenso das Gehör, und da man so schnell erschöpft ist, fällt es einem immer schwerer, allein aus dem Haus zu gehen, so jedenfalls erlebe ich es. Auch das Gedächtnis ist nicht mehr das, was es einmal war, daher versäumt man vieles und vergisst wichtige Treffen.

Wenn man einmal über achtzig ist, beschleunigt sich der Alterungsprozess. Ich habe mein Leben lang unterrichtet, aber einige Zeit nach meinem achtzigsten Geburtstag fiel mir auf, dass eine gute Vorlesung mich nun doppelt so viel Mühe kostete wie früher und meine Konzentration mehr und mehr nachließ. Als ich jung war, strömte die gesamte Vorlesung aus meinem Kopf direkt durch meinen Mund in den Hörsaal, aber mit über achtzig waren dann häufig die Powerpoint-Folien meine einzige Rettung. Nur mit diesem Hilfsmittel gelang es mir, beim Thema zu bleiben, und es bewahrte mich auch davor, den Inhalt meiner Vorlesung zu vergessen. Wenn dann nach der Vorlesung Fragen gestellt wurden, ging ich dicht an die Fragenden heran und hörte ihnen mit geschlossenen Augen aufmerksam zu, zum Teil, weil mein Gehör nicht mehr gut war, aber auch, weil ich meine ganze Geisteskraft aufbieten musste, um die Frage richtig zu verstehen und meine Antwort zu formulieren. In jungen Jahren hatte ich mein Publikum immer gedrängt, eine Frage nach der anderen zu stellen, und ich hatte sie alle sofort beantwortet, mit schlüssigen und detaillierten Aussagen zu allen wichtigen Punkten, die in der Veranstaltung zur Sprache gekommen waren. Aber spontan so viel Konzentration und logisches Denken aufzubringen – das ist mir mittlerweile einfach zu viel! Auch das Schreiben gelingt mir nicht mehr so wie früher. Da die Sehkraft meines guten rechten Auges seit einiger Zeit nachlässt, kann ich das, was auf dem Computerbildschirm erscheint, nicht mehr deutlich erkennen, und selbst wenn es mir gelingt, etwas zu entziffern, muss ich dabei viele Pausen machen. Eine einzige Seite zu schreiben kann jetzt Tage dauern.

Vor einer Weile besorgte ich mir nach einer Untersuchung die verschriebenen Medikamente, und als meine Frau, die mich begleitete, die Menge sah, war sie entsetzt und sagte: «Wie passt das alles in deinen Magen hinein?»

Aber wer kann dem Fluch des Alterns entgehen? Wir können nicht mehr tun, als auf unsere Ärzte zu hören, gehorsam die verschriebenen Medikamente zu nehmen und mit unseren Krankheiten bestmöglich umzugehen. Wenn das Gedächtnis nicht mehr so ist wie früher, muss man sich wichtige Daten und Termine in den Kalender eintragen, und wenn es Ihnen schwerfällt, sich zu konzentrieren, lassen Sie sich ruhig von neumodischen Geräten unterstützen und suchen Sie Wege, um sich an Ihren alternden Körper anzupassen. Nur herumzusitzen und in Selbstmitleid zu zerfließen, weil man nicht mehr so beweglich und gesund ist wie früher, ist keine Lösung. Ja, es ist schade, dass das Alter körperlich und geistig Tribut von uns fordert, aber das ist unsere neue Wirklichkeit, und wir sollten sie lieber früher als später akzeptieren.

Da ich mein Leben lang Psychiater war, habe ich mit zahlreichen Menschen gearbeitet. Und die meisten meiner Patientinnen und Patienten sahen älter aus, als sie waren. Leid, und erst recht anhaltendes Leid, kann die Ursache dafür sein. Aber es waren nicht nur psychische Leiden, die meine Patienten quälten und sie früh altern ließen. Häufig klagten sie auch über körperliche Beschwerden. Und sie schimpften über ihre Schmerzen, über ihren Kummer, über Menschen, die sie nicht mochten, und über alle möglichen anderen Dinge. Klagten die Patienten über ihre verschiedenen körperlichen Beschwerden, hörte ich zwar respektvoll zu, denn Zuhören ist ein wichtiger Teil meiner Arbeit, aber im Stillen dachte ich immer wieder: Ich selbst würde niemals einfach aufgeben und nur noch darüber jammern, dass die Dinge nicht nach meinen Wünschen liefen und ich vor körperlichen Herausforderungen stand.

Doch jetzt, im hohen Alter, erkenne ich in dieser früheren Version von mir selbst einen jungen Mann, dem es schwerfiel, seine leidenden Patienten zu verstehen. Ich trage deswegen tief in mir Schuldgefühle mit mir herum, aber auch das ist unvermeidlich. Wie man sich als alternder Mensch mit einem schwächer werdenden Körper tatsächlich fühlt, kann nur wirklich nachvollziehen, wer diesen Prozess aus eigener Erfahrung kennt. Damit will ich sagen: Es hat wenig Sinn, sich im Alter über physische und psychische Schmerzen zu beklagen, da die jüngeren Generationen uns erst verstehen können, wenn sie im späteren Leben in der gleichen Situation sind.

Wie bewahren wir im Alter trotz unserer körperlichen Verfassung unsere Würde? Indem wir das Phänomen des Alterns akzeptieren, aber gleichzeitig das ausfindig machen und genießen, was uns noch möglich ist, solange es uns noch möglich ist. Warum jammern und klagen, wenn es respektablere und kultiviertere Möglichkeiten gibt, anderen sein Befinden im Alter mitzuteilen? Auch als hochbetagte Menschen sollten wir die eigene Würde nicht außer Acht lassen.

«Papa, hast du Wasser getrunken?»

Meine Tochter fragte am Telefon nach, denn dass sie mich bereits per E-Mail ermahnt hatte, reichte ihr nicht. Wenn meine Kinder sich Sorgen um meine Gesundheit machen oder junge Wissenschaftler sagen, ich solle gut auf meine Gesundheit achten, bin ich gezwungen, mich mit meinem Alter auseinanderzusetzen. Eine leise Stimme in meinem Kopf sagt in solchen Fällen ein wenig trotzig: «Mir geht's doch super! Mein Kopf ist so gut wie neu!» Aber das spreche ich nie aus, denn schließlich haben sie ja alle recht, und die leise innere Stimme drückt nur meinen Kummer darüber aus, dass ich meinen alternden Körper und den nachlassenden Verstand hinnehmen muss. Es ist Zeit, diese Trauer anzunehmen und gleichzeitig zu lernen, mich nicht mehr gegen die Ratschläge meiner Kinder und Freunde zu wehren. Und so sage ich mir: «Ja, ich sollte auf meine Kinder und meine Freunde hören. Ich sollte mich bemühen, ein braver Vater zu sein.»

Trotzdem bin ich an manchen Tagen empört und grantig. Dann versuche ich, meine schlechte Laune mit einer jämmerlichen Ausrede zu vertreiben: «Ich mache jetzt keinen Spaziergang, aber nicht deshalb, weil ich mich gerade zu schwach fühle, sondern weil meine Kinder sich dann zu viele Sorgen um mich machen würden!» Ich weiß, dass das kindisch ist, aber diese Ausrede ist Balsam für meinen verwundeten Stolz und mein schmerzendes Herz. So getröstet kann ich auch weiterhin auf Klagen verzichten und trotz aller Schattenseiten des Alters meine Würde bewahren. Ich weiß, das klingt nicht gerade großartig, aber es ist eine effektive Methode, um sich selbst im hohen Alter freundlich und nachsichtig anzunehmen.

5

Lernen, gut zuzuhören

Als junger Mann habe ich mich bei Gesprächen mit Senioren immer über zwei Dinge gewundert: Zum einen redeten sie viel über Unwichtiges, und zum anderen redeten sie sehr laut. Und wenn sie erst einmal angefangen hatten, faselten sie oft endlos weiter, wobei mich das Gefühl beschlich, dass die Unterhaltung keinen roten Faden hatte und sich viel zu lang hinzog. Ich schämte mich sogar für die alten Leute, wenn sie die Stimmung im Raum nicht richtig erfassten. Ja, es machte mich immer wieder traurig, wenn ich miterlebte, wie meine früheren Professoren, die einmal für ihre Klugheit und ihre präzisen, logischen Erkenntnisse gefeiert worden waren, in späteren Jahren einen Gedankengang nicht mehr schlüssig zu Ende bringen konnten. Manche waren auf öffentlichen Veranstaltungen, etwa bei wissenschaftlichen Tagungen, nicht mehr vom Mikrofon wegzukriegen. Gelegentlich ignorierten sie auch einfach die Versuche des Moderators, dem Gespräch eine Richtung zu geben, und bestanden darauf, weiter ihre Gedanken darzulegen. Mehr als einmal schwor ich mir, dass ich im Alter niemals so werden würde. Aber Sie können es sich schon denken, liebe Leserinnen und Leser: Jetzt bin ich selbst so alt, und ich vermute, dass meine früheren Professoren als junge Leute genauso gedacht haben wie ich als junger Mann.

«Papa ...»

So beginnen die Ermahnungen meiner Kinder normalerweise, und dabei heben sie drei Finger, um mir zu zeigen, dass ich zum dritten Mal das Gleiche sage. Ja, ich bezeichne diese

Hinweise als Ermahnungen oder Warnungen, auch wenn das vielleicht übertrieben klingt. Und diese Ermahnungen lassen mich jedes Mal zusammenzucken, weil ich mich nicht erinnern kann, schon so oft das Gleiche gesagt zu haben. Manchmal verdächtige ich meine Kinder, mich anzuschwindeln, weil das Thema sie nicht interessiert, aber meistens weiß ich, dass sie recht haben. Daher habe ich mir angewöhnt, Gespräche häufig mit der Floskel «Wie ich schon sagte» zu beginnen.

Manchmal allerdings erscheint es mir notwendig, meinen Kindern meine Ansichten über das Leben und meine Wertvorstellungen mitzuteilen. Dann tue ich mein Bestes, um diese Ratschläge mit etwas Humor zu würzen, damit ich nicht wie ein besserwisserischer Vater klinge. Trotzdem reagieren meine Kinder manchmal mit: «Papa, bitte! Mach mal halblang!» Das ist mir dann peinlich, ich erinnere mich an meine früheren Professoren und fürchte, dass ich den gleichen Eindruck erwecke wie sie in ihren späteren Jahren. Und manchmal sagt eins meiner Kinder sogar: «Papa, bitte zanke dich nicht so oft mit Mama.»

«Wie meinst du das?», frage ich dann. «Wann haben wir uns denn gezankt?»

«Ich habe gehört, wie ihr euch angeschrien habt.»

Dieses Missverständnis rührt normalerweise daher, dass sich die Lautstärke unserer Gespräche im Alter erhöht hat. Ältere Menschen sprechen häufig lauter, um sich auf ihre Zuhörer einzustellen, aber hinzu kommt, dass wir die Lautstärke unserer Stimmen nicht mehr genau einschätzen können, weil wir schwerhörig werden. Da meine Frau und ich hochbetagt sind, klingen unsere lautstarken Unterhaltungen in den Ohren meiner Tochter möglicherweise wie Streit. Ich musste über mich selbst lachen, weil ich ein so getreues Abbild meiner alten Professoren geworden war, denen ich doch auf keinen Fall hatte nacheifern wollen.

Erlauben Sie mir, liebe Leserinnen und Leser, dass ich uns verteidige, und zwar als typischer Vertreter der älteren Generation. Warum reden wir so viel? Also, ich stelle fest, dass es mir im hohen Alter schwerer fällt, mich auf ein Thema zu konzentrieren. Ein Gespräch soll normalerweise einem bestimmten Zweck dienen. Und damit es diesen Zweck gut erfüllt, schmückt man die nackten Tatsachen ein wenig aus. Stellen wir uns ein Gespräch einmal als Baum vor, dann ist der Kern dessen, was man sagen möchte, der Stamm, und alle Schlenker und Einschübe sind die Äste. Aber da es uns älteren Menschen schwerfällt, unsere Gedanken auf ein Thema zu fokussieren, lassen wir schnell einmal kausale Verknüpfungen weg und machen stattdessen große assoziative Sprünge. Auf diese Weise entstehen sozusagen viele Äste ohne Baumstamm. Wie die koreanische Redensart sagt: «Der Anfang war gut, aber plötzlich sind wir in Samcheonpo.» Das bedeutet, dass der Sprecher vom Thema abgekommen ist, und wenn uns das bewusst wird, erinnern wir uns normalerweise gar nicht mehr, was wir eigentlich sagen wollten, und das Gespräch ist bereits vollkommen aus dem Ruder gelaufen.

Meiner Erfahrung nach hat das auch etwas mit unserer Lebenserfahrung zu tun. Je älter man wird, desto mehr Erfahrungen sammelt man, und desto überzeugter ist man von den eigenen Wertvorstellungen und Ansichten über das Leben. Kurz, wir alten Leute haben eine Menge zu sagen. Glauben Sie mir, wir haben die Herzen am rechten Fleck – wir wollen mit unseren Ausführungen einfach helfen, Wege aufzeigen oder aber die Freude der anderen teilen. Ja, und vielleicht möchten wir auch Lebensweisheiten weitergeben, die wir für wertvoll halten.

Aber sind die Lehren der Alten für die jungen Leute von heute überhaupt noch von großer Bedeutung? Wir respektierten damals die ältere Generation, weil sie weise und lebenserfahren war. Man sagte, der Tod eines alten Menschen sei mit der Schließung einer Bibliothek vergleichbar. Aber in jenen Zeiten erlangte man sein Wissen meistens durch eigene Erfahrungen. Heutzutage jedoch haben junge Menschen jederzeit eine ungeheure Masse an Informationen zur Verfügung, und das nutzen sie täglich, mühelos. Mit wenigen Klicks auf ihren Smartphones übersetzen sie verschiedene Sprachen, und sie konsumieren Videos aus der ganzen Welt. Weil diese Menge an Informationen so groß und so leicht zugänglich ist, sagen manche sarkastisch, wir seien zu «Datenmülleimern» geworden. In einer Welt wie dieser sind die eigenen Erfahrungen, so hart erworben oder kostbar sie auch sein mögen, vielleicht nicht mehr so relevant oder so ungewöhnlich wie früher einmal.

Eine Zeit lang habe ich meinen Enkelkindern Geschichten aus meiner Kindheit gemailt. Es war mein ernsthafter Versuch, mich mit ihnen auszutauschen. Meine Enkel liebten diese Geschichten zwar, weil sie klangen, als stammten sie aus einem Märchenbuch, aber oft waren sie auch verdutzt darüber, welche Entscheidungen ich als Kind getroffen oder wie ich in einer bestimmten Situation reagiert hatte. Normalerweise brachten sie ihre Verblüffung auf eine der drei folgenden Weisen zum Ausdruck:

«Opa, das war aber dumm.»

«Opa, du warst ja so naiv.»

«Opa, ich habe keine Ahnung, was du meinst.»

Kinder sind heute viel gebildeter und weltgewandter als in meiner Jugend, daher hatte ich die ersten beiden Reaktionen erwartet. Die dritte Reaktion jedoch machte mich sprachlos. Die Enkelkinder begriffen nicht, was ich meinte, und zwar nicht deswegen, weil ich mich so undeutlich ausgedrückt hätte, sondern weil meine Denkweise so völlig anders war als ihre und sie daher nicht verstanden, was ich sagen wollte. In den vergangenen sechzig Jahren hat die Welt sich vollkommen verändert. Wie könnte ich also behaupten, dass meine persönlichen Erfahrungen für Kinder, die in dieser ganz anderen heutigen Welt leben, von Bedeutung sind?

Manche fragen sich jetzt vielleicht, ob wir Alten deshalb einfach schweigen sollten. Nein, wir sollten nicht völlig verstummen, aber wir sollten, kurz gesagt, weniger reden und mehr zuhören. Wenn man eine sinnvolle Kommunikation anstrebt, muss man mit seinen Zuhörern etwas gemeinsam haben. Je mehr Gemeinsamkeiten man findet, desto tiefgehender kann der Austausch sein. Und was meinen Sie, wer die besseren Chancen hat, diese gemeinsame Basis zwischen den älteren und den jüngeren Menschen zu finden? Das sind natürlich wir Senioren, weil wir sowohl die Vergangenheit miterlebt haben als auch in der Gegenwart leben. *Wir* müssen also diejenigen sein, die den ersten Schritt machen, und uns bemühen, die Sichtweise der jungen Menschen zu verstehen. *Wir* müssen *ihnen* zuhören. Wir können die Welt vielleicht nicht so erleben wie sie, aber wir sollten uns bemühen zu verstehen, wie anders diese Welt für sie ist. Verstehen wir die jungen Leute dann immer noch nicht, sollten wir diese Unfähigkeit zumindest zugeben.

Zuhören ist kein passiver, einseitiger Akt. In der Psychoanalyse bezeichnet man mit dem Begriff «Abreaktion» den Vorgang, unterdrückte Gefühle herauszulassen und Ängste zu lindern, indem man schmerzhafte Erfahrungen, die im Unterbewussten abgelegt wurden, wieder hervorholt. Gutes Zuhören kann dem Gegenüber helfen, dieses Kunststück der Abreaktion zu vollbringen. Die Hauptaufgabe eines Psychiaters besteht folglich darin, ein guter Zuhörer zu sein.

Die heutige Zeit stellt die junge Generation vor Herausforderungen, die wir früher nicht kannten. Nichts scheint reibungslos zu laufen, ob es Schule, Arbeit, Ehe oder Kindererziehung betrifft. Die jungen Menschen erleben in unserem turbulenten modernen Zeitalter extreme Konkurrenz, die oft entmenschlichend und schädlich für ihr Selbstwertgefühl ist. Trotz harter Arbeit wird es für sie zukünftig weniger Sicherheit und finanzielle Stabilität geben als damals für uns. Ist diese Vorhersage nicht niederschmetternd? Vielleicht braucht die junge Generation keine Lehrer, sondern vielmehr gute Zuhörer?

Als kleines Kind habe ich mich unglaublich gut mit meiner Großmutter verstanden. Sie war eine gutmütige Frau mit einer für ihre stark patriarchalisch geprägte Zeit fortschrittlichen Denkweise. Selbst als Student diskutierte ich noch gern über Gott und die Welt mit ihr. Ich bewunderte sie für ihre progressive Einstellung und wollte später auch so werden wie sie. Doch im Rückblick wird mir klar, dass der eigentliche Grund, weshalb ich meine Gespräche mit ihr so genoss, der war, dass sie mir wirklich zuhörte; sie hatte immer ein wohlwollendes Lächeln im Gesicht und ermutigte mich zum Sprechen. Sie nickte zu allem, was ich sagte, und so schwatzte ich weiter, wie ein kleiner Vogel.

Ich weiß nicht mehr genau, wann das anfing, aber mit der Zeit kam es häufiger vor, dass der Veranstalter während des abendlichen Beisammenseins nach einer Tagung unauffällig auf mich zukam und flüsterte: «Herr Professor, Sie müssen nach diesem langen Tag erschöpft sein.»

Eine wissenschaftliche Tagung dauert normalerweise den ganzen Tag, daher sind am Abend natürlich alle müde. Aber wir freuen uns auf das anschließende Zusammensein, denn dabei können wir uns unterhalten und Neuigkeiten austauschen, und auch ich wollte das nie verpassen. Wenn ich also auf diese Weise angesprochen wurde, sagte ich: «Oh, mir geht es glänzend.»

Aber kurze Zeit später kam der Veranstalter zurück und flüsterte wieder: «Herr Professor, es ist völlig in Ordnung, wenn Sie müde sind.»

Angenommen, ich verneinte das erneut, dann mischte sich

oft ein Tagungsteilnehmer ein und sagte: «Oh ja, es war ein langer Tag. Sie sollten sich ausruhen.»

Und dann ging mir endlich ein Licht auf – spätestens, als der Veranstalter zum zweiten Mal gefragt hatte, hatte ich die Gelegenheit zu einem würdevollen Abgang verpasst! Verstehen Sie mich nicht falsch, liebe Leserinnen und Leser, ich bin sicher, dass alle für einen hochbetagten Wissenschaftler mit diversen Krankheiten nur das Beste wollten. Aber es kommt hinzu, dass ich normalerweise einer der ältesten anwesenden Professoren bin und meine Anwesenheit für die meisten anderen Personen ein Grund ist, sich zusammenzureißen und gut zu benehmen. Ich musste leise über mich lachen, denn ich erinnerte mich daran, wie ich selbst früher mit solchen Situationen umgegangen bin.

Als junger Professor bekam ich häufig die Aufgabe, ältere Fakultätsmitglieder während des geselligen Beisammenseins nach Hause zu schicken. Die jungen Wissenschaftler freuen sich auf dieses Zusammensein, sie wollen sich entspannen und zusammen Spaß haben. Aber wenn ein älterer Professor anwesend ist, kommt vor allem in einer Gesellschaft wie der südkoreanischen mit ihrer Altershierarchie keine rechte Stimmung auf. Selbst wenn der ältere Kollege liebenswürdig und aufgeschlossen ist, fühlen sich die jüngeren Leute unter Druck, sich gut zu benehmen und höflich und respektvoll zu sprechen. Wenn ich also diese wichtige Aufgabe erhalten hatte, wartete ich den richtigen Moment ab und stürzte mich dann auf den älteren Professor, sobald er auch nur ein kleines bisschen ermüdet wirkte: «Herr Professor, werden Sie nicht müde?»

Der Angesprochene rieb sich dann verwundert das Gesicht und überlegte, ob er vielleicht müde sei. Ich gab nicht nach, sondern machte den nächsten Schritt: «Herr Professor, ich habe ein Taxi für Sie gerufen!»

Dann mussten die älteren Herren die Gesellschaft verlassen

und ins Taxi steigen, halb freiwillig und halb unter sanftem Druck. Es gibt eine koreanische Redensart für den Umgang mit jungen Leuten: «Schließe den Mund und öffne deine Brieftasche.» Wie grausam! Alt zu sein ist kein Verbrechen, aber warum müssen die älteren Menschen in Gesellschaften immer die Atmosphäre bestimmen? Wenn ich jedoch auf meine eigenen jungen Jahre zurückblicke, erkenne ich in diesem Spruch ein Körnchen Wahrheit. Trotzdem fühlte ich mich nach solchen Tagungen immer ein bisschen ausgeschlossen. Beim geselligen Zusammensein am Abend dachte ich oft: «Verflixt, ich kann doch noch ein bisschen bleiben – ich wünschte, sie würden mich nur noch ein Weilchen hierbleiben lassen!» Aber in unseren späteren Jahren sollten wir nicht nur gut zuhören können, sondern wir sollten auch wissen, wann wir uns würdevoll verabschieden müssen. Jetzt kommen die Hauptpersonen bei solchen gesellschaftlichen Ereignissen aus der nächsten Generation. Wer dennoch versucht, weiterhin selbst im Mittelpunkt zu stehen, ist vielleicht nur noch *noyok*, «der gierige Alte». Die wahre Tugend alter Menschen ist die Selbstbeherrschung. In gewisser Weise halfen die jüngeren Kollegen mir, mich in dieser schwierigen Tugend zu üben, daher sollte ich ihnen dankbar sein.

Selbstbeherrschung ist natürlich in allen Lebensphasen eine Fähigkeit, die uns Würde verleiht, aber im hohen Alter ist sie besonders wichtig. Sie ist die Fähigkeit, zum richtigen Zeitpunkt aufzuhören, und das erfordert eine gute Selbstwahrnehmung. Man muss begriffen haben und exakt einschätzen können, wer man ist und in welcher Situation man sich befindet, und diese Informationen sagen einem dann, wann es Zeit ist, die Tugend der Selbstbeherrschung einzusetzen.

Ich hatte einen großartigen Lehrer, der mir viel über Selbstbeherrschung beigebracht hat. Er war auf der höheren Schule mein Klassenlehrer, und nachdem meine Klasse ihren Abschluss gemacht hatte, ging er an die Universität, um dort bis zu seiner Pensionierung zu lehren. Als wir ein Ehemaligentreffen organisierten, bot sich die Gelegenheit, ihn wiederzusehen. Wir ehemaligen Schüler waren damals im mittleren Alter und beschlossen einmütig, ihn zu einem Vortrag einzuladen. Wir alle vermissten ihn – einen Mann, der seiner Zeit weit voraus war und sich unvoreingenommen, mit großem Herzen und aufrichtig interessiert um jeden Einzelnen seiner Schüler und Studenten gekümmert hatte.

Ich übernahm es, ihn einzuladen. Als ich ihn nach Jahrzehnten zum ersten Mal wieder besuchte, begrüßte er mich herzlich. Ich erklärte ihm den Zweck meines Besuches und überbrachte ihm die Einladung. Doch mein Lehrer lehnte sehr entschieden ab. Er erklärte, vor lauter Freude darüber, nach so langer Zeit seine Schüler wiederzusehen, würde er abschweifen, das wisse er jetzt schon. Er habe in letzter Zeit festgestellt, dass er in Unterhaltungen langatmig werde und zu oft den Faden verliere.

Aber ich dachte nicht daran aufzugeben. Ich versuchte, ihn zu überreden, indem ich ihm erzählte, wie viel wir alle von seinem progressiven Denken und seiner Aufgeschlossenheit gelernt hatten und wie sehr er uns fehlte. Doch er sagte immer wieder: «Ich bin nicht mehr der junge Lehrer, an den Sie sich erinnern, und wenn Sie den Mann erwarten, der ich einmal war, werde ich Sie alle bloß enttäuschen.» Schließlich musste ich sehr deutlich werden. Ich sagte: «Es ist ja nicht so, als hätten wir uns nicht auch verändert. Wir sind jetzt alle in den besten Jahren und keine Jugendlichen mehr!» Daraufhin gab mein Lehrer schließlich nach, stellte aber eine Bedingung: Er würde sich Notizen machen und seinen kurzen Vortrag in knappen Worten genau aufschreiben. Dann würde er ihn ablesen und kein weiteres Wort mehr sagen.

Ehrlich gesagt verstand ich nicht ganz, warum er darauf beharrte, seine Rede kurz zu halten. Doch als es dann bei unserem

Treffen so weit war, begriff ich, was er gemeint hatte. Die Veranstaltung fing wunderbar an: Es war ein freudiges Wiedersehen von Schülern und ihrem geliebten Lehrer. Viele Erinnerungen tauchten auf, und plötzlich sahen wir alle wieder genauso aus wie damals vor Jahrzehnten. Der Höhepunkt unseres Treffens sollte die Rede meines Lehrers sein. Er nahm seine Notizen heraus und begann abzulesen. Genauso wie früher war sein Vortrag mit klugen Einsichten gespickt, und in jedem Wort spiegelte sich sein progressives Denken. Doch nach einigen Sätzen packte ihn die Erregung. Er verhaspelte sich, kam vom Thema ab, und die gewohnte Schlüssigkeit seiner Argumentation ging verloren. Genau das, was er befürchtet hatte! Ich schrieb rasch einen Zettel mit der Bitte, zum Schluss zu kommen, und als mein Lehrer ihn las, unterbrach er sich mitten im Satz: «Wunderbar! Genau deswegen wollte ich nicht herkommen, aber Junge, waren Sie hartnäckig!»

Wir brachen in schallendes Gelächter aus.

Alle seine Bemühungen, seine Rede kurz zu halten, waren vergeblich gewesen. Doch wie er mit dieser Situation umgegangen war, hinterließ bei mir einen bleibenden Eindruck. Damals dachte ich mir nicht viel mehr dabei als: Oh, was ist denn mit diesem brillanten, disziplinierten Mann passiert? Aber als ich dann selbst alt wurde, erkannte ich, wie bewunderungswürdig die Selbsterkenntnis und die Selbstbeherrschung waren, die mein Lehrer gezeigt hatte. Dieses vorbildliche Verhalten ist höchst selten, wie ich mittlerweile gelernt habe.

Wie vielen Menschen gelingt es im Alter, sich so deutlich bewusst zu machen, wie sehr ihr Verhalten sich verändert, und so hart daran zu arbeiten, das Beste daraus zu machen? Wie viele können wirklich beurteilen, wozu sie noch fähig sind und wozu nicht mehr? Ich kenne weit mehr Menschen, die aus ihrem Alter ein Sonderrecht ableiten und unausstehlich werden oder versuchen, alle anderen zu übertönen, weil sie meinen, sie müssten vor allen gehört werden. Mein Lehrer dagegen war weise. Er dachte zuerst an die anderen und an Anstand und Würde und überlegte, ob er bei unserer Veranstaltung einen passenden Beitrag liefern könnte.

Denken Sie daran, Ihre Würde hängt davon ab, ob Sie wissen, wann Sie aufhören müssen. Wir Angehörigen der älteren Generation, die in ihren besten Jahren führende Positionen in der Gesellschaft innehatten, müssen jetzt zur Seite treten und eine unterstützende Rolle übernehmen. Vielleicht fällt es uns schwer, den jüngeren Generationen vollkommen zu vertrauen – ob es dabei nun um jüngere Kollegen oder um die eigenen Kinder geht –, aber wir sollten uns im Klaren darüber sein, dass wir das Ruder nicht mehr in der Hand haben. Andererseits bedeutet es aber auch, dass wir jetzt die Freiheit besitzen, mit der gewonnenen Zeit und Energie unser restliches Leben zu genießen.

Ich möchte Ihnen daher zwei Empfehlungen geben: Hören Sie zu und erkennen Sie, wann Sie Schluss machen und sich verabschieden sollten. Wie es in der ersten Zeile des schönen Gedichtes «Fallende Blüten» von Lee Hyeonggi heißt: «Wie schön ist der Rücken eines Menschen, der geht, weil er weiß, dass es Zeit ist.»

ZWEITER TEIL

Die Welt ohne
Bedauern verlassen

1

Zum Aufschieben ist das Leben zu kurz

Ich kenne einen Professor, der vier Jahre älter ist als ich. Kim Jae Eun ist einer der Pioniere der Pädagogischen Psychologie in Südkorea, und er hat sein ganzes Leben der Forschung und der Lehre gewidmet. Seine Integrität ist beispiellos, und mit seinen wissenschaftlichen Fähigkeiten leistet er weiterhin wertvolle Beiträge für die Gesellschaft. Jetzt, mit über neunzig, ist er nach wie vor ein Muster an geistiger Vitalität und positiver Lebenseinstellung. Ich bin sehr stolz auf ihn. Aus diesen respektvollen Worten könnten Sie schließen, dass ich sein Schüler war, aber nein, wir sind einfach gute Freunde und diskutieren häufig miteinander. Professor Kim ist aufgeschlossen und bietet großzügig seine Freundschaft an.

Er sagt gern: «Ich war mein Leben lang immer von guten Menschen umgeben!» Damit drückt er seine Dankbarkeit dafür aus, dass es vielen Menschen in seiner Umgebung ein Anliegen ist, andere glücklich zu machen. Er betont oft, man solle im Alter sofort aktiv werden, wenn man jemanden vermisst. Schiebt man es auf, so warnt er, wird man es möglicherweise tief bereuen – das hat er selbst erlebt.

Professor Kim erzählte mir einmal, dass er mit einem älteren Kollegen sehr gut befreundet war – mit Park Moon Hee, seinem früheren Arzt, den auch ich noch aus meiner Zeit am nationalen psychiatrischen Krankenhaus kannte. Schon damals hatte Dr. Park aufgrund seiner bahnbrechenden Bemühungen um die Verbesserung der damals noch sehr schlechten Bedingungen im südkoreanischen psychiatrischen Gesundheitssystem eine große Anhängerschaft; er war darüber hinaus eine Koryphäe auf dem Gebiet der psychiatrischen Studien.

Eines Tages rief Dr. Park Professor Kim an und fragte: «Herr Professor Kim, Sie vermissen mich nicht mehr, oder?» Dr. Park war nicht sentimental. Seine Anrufe endeten normalerweise mit einem freundlichen, lockeren «Lassen Sie uns doch mal zusammen Mittag essen». Doch jetzt kam aus heiterem Himmel diese ungewöhnliche Frage. Professor Kim wusste erst nicht, was er sagen sollte, doch dann brachte er eine Antwort heraus: «Doch, natürlich, ich besuche Sie bald, vielleicht schon nächste Woche! Ich habe gerade an Sie gedacht.»

Eine Woche später erfuhr Professor Kim von Dr. Parks Tod. Seine Entscheidung, das Treffen eine Woche aufzuschieben, bedauert er bis heute zutiefst. Jedes Mal, wenn er diese Geschichte erzählt, beginnt er sie mit einem traurigen: «Das bereue ich in meinem Leben am meisten ...»

Die Zeit wartet nicht. Wenn Sie jemanden vermissen, schieben Sie das Treffen mit ihm oder ihr nicht auf. Rufen Sie jetzt sofort an. Falls Sie noch jung sind, kann das natürlich bis morgen warten, aber wer bereits in der Mitte des Lebens angelangt ist, sollte möglichst sofort aktiv werden. Und wenn das Telefonat dann zu einem persönlichen Treffen führt, umso besser!

Jetzt im Alter sind es häufig die Umstände, die ein Wiedersehen mit Menschen, die ich vermisse, verhindern. Wenn ich morgens in mein Arbeitszimmer gehe, schalte ich als Erstes den Computer an. Ich checke die E-Mails und scrolle dann durch meinen Facebook-Feed. Eines Tages entdeckte ich einen Hinweis auf einen Geburtstag. Ich war total überrascht, denn der Freund, dem der Hinweis galt, war schon vor Jahren verstorben. Ich hinterließ einen Kommentar: «Happy Birthday! Wie ist das Leben da drüben denn so?»

Dieser Freund und ich hatten zusammen Medizin studiert. Während des Studiums bekam er solche Probleme mit seiner

Lunge, dass er dringend operiert werden musste. Ich sagte damals als Einziger die Hochzeit eines Kommilitonen ab, zu der alle unsere Freunde gingen, denn ich wollte bei ihm sein, wenn er aus der Narkose erwachte.

Als ich nun weiter durch den Facebook-Verlauf meines Freundes scrollte, fand ich einen Geburtstagsgruß vom vergangenen Jahr, verfasst von jenem Kommilitonen, dessen Hochzeit ich versäumt hatte. In diesem Jahr jedoch war kein Glückwunsch mehr von ihm gekommen, denn er war ebenfalls gestorben.

Mehr als die Hälfte meiner Freunde aus dem Studium sind mittlerweile verstorben. Die Übrigen leben entweder mit schlechter Gesundheit in Pflegeheimen oder sie sind ans Haus gebunden, weil sie in ihrer Mobilität eingeschränkt sind. Manchmal schicke ich Rundmails an meine alten Studienfreunde, und inzwischen antworten nur noch zwei von ihnen. Wenn ich meine Mails checke, fürchte ich jedes Mal, dass weitere traurige Nachrichten auf mich warten.

Einsamkeit ist der Feind eines glücklichen Lebens. Die einfachste Methode, diesen Feind zu bekämpfen, besteht darin, Zeit mit Freunden zu verbringen. Wenn man sich mit ihnen über die guten alten Zeiten austauscht, scheinen die Stunden doch wie im Flug zu vergehen, oder nicht? Gerade im Alter ist es weise, solche Freundschaften sorgsam zu pflegen. Die Freunde sind lebende Zeugen unserer früheren Erfolge, unserer jugendlichen Vitalität und der Leistungen eines langen Lebens, und damit können sie uns helfen, Gefühle der Leere, die sich mit dem Älterwerden einstellen können, zu lindern. Ich kann bezeugen, dass die Gesellschaft langjähriger Freunde, die den Prozess des Alterns mit uns zusammen durchstehen, Trost spendet. Falls Sie also Menschen in Ihrem Leben vermissen sollten, zögern Sie nicht, sondern nehmen Sie gleich Kontakt zu ihnen auf. Für Zögern und Aufschieben ist das Leben zu kurz.

Zum Aufschieben ist das Leben zu kurz

In unseren geschäftigen, von der Arbeit bestimmten Jahren kann uns selbst die Pflege von Freundschaften als lästige Pflicht erscheinen. Natürlich möchten wir alle gleichgesinnte Menschen um uns haben, aber die Arbeit kann uns zu Begegnungen mit Menschen zwingen, die wir eigentlich lieber meiden würden, darunter schwierige Vorgesetzte. Und wird man, schlimmer noch, ständig von Menschen behelligt, die nur auf einen Gefallen aus sind, so ist man vielleicht versucht, alles stehen und liegen zu lassen, auf einen einsamen Berg zu ziehen, einfach von der Bildfläche zu verschwinden und nicht mehr erreichbar zu sein.

Zu den Dingen, die mir nach meinem Eintritt in den Ruhestand am besten gefielen, gehörte die Freiheit zu wählen. Ich musste mich nicht mehr zu etwas zwingen, was mir keine Freude bereitete. Ich konnte meine Zeit mit Menschen verbringen, die ich gernhatte, und mit Arbeit, die mir am Herzen lag, ohne dass mir dabei jemand in die Quere kam. Das tat so gut! Wenn ich jemanden sehen wollte, rief ich ihn sofort an. Ich bat Menschen, mir bei meinen Projekten zu helfen, ohne Titel berücksichtigen zu müssen oder mir Gedanken um Interessenkonflikte zu machen. Dass ich in meinem Leben von wunderbaren Menschen unterstützt wurde und sie zu Freunden wurden, war der Grund, weshalb ich mich auch nach meiner Pensionierung der Forschung und der ehrenamtlichen Arbeit widmen konnte. Ohne diese Menschen und ohne die Freude, die unsere diversen Projekte uns bescherten, hätten meine späteren Jahre einsam und inhaltsleer sein können.

Das ist einer der Vorteile, die man leider erst im Alter genießen kann. Mit über achtzig konnte ich mich dann allerdings nicht mehr so oft mit anderen treffen, weil ich rasch erschöpft war. Außerdem gab es immer weniger Menschen, mit denen ich mich gern getroffen hätte. So viele meiner Freunde sind mittlerweile gestorben, und diejenigen, die noch leben, sind meistens nicht mehr sehr mobil. Es ist normal, dass wir Senioren uns aus den Augen verlieren. Und dann gibt es nichts Traurigeres, als wenn man irgendwann das Begräbnis eines Menschen besucht, von dem man lange nichts gehört hat.

An einem Tag im Winter 2014 erhielt ich eine besonders betrübliche Todesnachricht. Ich befand mich zu dem Zeitpunkt in Nepal. Der Himalaja hat mich schon immer fasziniert, und seit ich 1982 als Mitglied einer wissenschaftlichen Expedition zum Makalu, dem fünfthöchsten Berg der Erde, reiste, habe ich auch zu Nepal eine ganz besondere Verbindung. Sie wurde noch gefestigt, als ich 1994 am Ewha Womans University Hospital eine Freiwilligengruppe gründete und wir von da an Jahr für Jahr ehrenamtlich in Nepal arbeiteten. 2014 nun war ein besonderes Jahr, denn wir feierten in Nepal zwei bedeutende Ereignisse. Drei meiner Studenten, die seit der Gründung der Freiwilligengruppe dabei gewesen waren, schlossen sich mit ihren Familien unserer zwanzigsten Nepalreise an. Außerdem organisierten meine Künstlerfreunde in Nepal – Schriftsteller, Maler und Musiker – eine Buchpräsentation für mich, denn in diesem Jahr wurde meine Übersetzung des Romans *The Wake of the White Tiger* ins Koreanische veröffentlicht. Der Autor ist Diamond Shumsher Rana, der in Nepal sein Leben lang für Demokratie gekämpft hatte.

Voller Stolz und Vorfreude sah ich diesen beiden wunderbaren Ereignissen entgegen. Meine Frau und ich besuchten die Buchvorstellung zusammen mit meinem Sohn und seiner Tochter. Dank der hervorragenden WLAN-Verbindung im Himalaja war meine Enkelin ganz in ihr Handy vertieft. Während der Veranstaltung lieh ich mir das Handy aus, um zu schauen, ob ich eine dringende E-Mail bekommen hatte. Als ich den Betreff «Weitergeleitet: Todesnachricht» entdeckte, zog sich mein Herz zusammen. Ich wusste, dass ich es nicht zum Begräbnis schaffen konnte, daher war es gleichgültig, ob ich die Mail sofort öffnete und las oder nicht. Also beschloss ich, nicht mehr daran zu denken, bis ich wieder in Korea war, klickte sie aber aus Versehen an, und was ich las, verschlug mir den Atem: Es war die Nachricht vom Tod meines besten Freundes.

Es gibt ein altes Sprichwort: «Der Frühling ist gekommen, aber es fühlt sich nicht nach Frühling an.» Genauso erging es mir nach dieser Nachricht. Was um mich herum in Nepal geschah, hätte mich freuen sollen, doch stattdessen war mir das Herz schwer. Weil ich in der Buchpräsentation saß, konnte ich meiner Familie diese Gefühle nicht mitteilen, sondern musste sie bis zum Ende des Tages für mich behalten. Selbst heute noch erinnere ich mich lebhaft daran, wie niedergeschmettert ich war.

Mein Freund hieß Park Doe Il. Wir hatten uns mit dreizehn Jahren kennengelernt und waren über fünfundsechzig Jahre lang befreundet gewesen. Als ich Doe Il zum ersten Mal begegnete, war er seinem Alter weit voraus und eine wandelnde Enzyklopädie. In den mittleren Schuljahren gründeten wir unter Does Leitung einen Buchklub und saßen von da an einmal in der Woche zusammen, diskutierten über Bücher und hörten gemeinsam alte Schallplatten. Doe Il hatte eine Schwäche für Camus, der in Südkorea damals sehr populär war, und las seine Bücher laut vor. Er analysierte sogar mit bewundernswertem Sachverstand komplizierte Sinfonien für uns. Ich bin überzeugt, dass meine Liebe zur Dichtung und zur bildenden Kunst viel mit Doe Il zu tun hatte, meinem lieben Freund aus jenen prägenden Jahren.

Einmal versuchte Doe Il, sich mit einer Überdosis das Leben zu nehmen. Als wir das erfuhren, versammelte sich unser Buchklub, und es kam zu einer ungewöhnlichen Diskussion. Einer von uns, der später einer der angesehensten Schriftsteller Koreas werden sollte, argumentierte, wir sollten Doe Ils Entschluss respektieren, weil es ganz allein seine Entscheidung sei, ob er sein Leben beenden wolle oder nicht. Ich glaube, diese absurde Debatte über Leben und Tod war unseren jugendlichen Gemütern zuzuschreiben – empfindsam, voll intellektueller Neugier und sprunghaft. Ich widersprach und wies darauf hin, dass wir Doe Ils wahre Absicht erst erkennen könnten, wenn wir ihn selbst fragten. Das konnte allerdings nur geschehen, wenn Doe Il seinen Selbstmordversuch überlebte. Mein Gegenargument fand die Zustimmung der Mehrheit.

Mein Freund war seit jeher ein scharfer Denker gewesen. Er studierte Philosophie und ging seinen ganz eigenen Weg im Leben, trotz seiner Angewohnheit, ständig alles infrage zu stellen, und trotz seiner ausgeprägten Selbstzweifel. Bis zwei Jahre vor seinem Tod trafen wir uns beinahe jede Woche, um Udon-Nudeln zu essen und uns an alte Zeiten zu erinnern. Die dicken, weichen Nudeln waren in der Mittelschule ein beliebter Snack gewesen, den wir uns trotz unserer schmalen Geldbörsen hatten leisten können, und sie weckten stets Erinnerungen an damals. Doch in dem Jahr vor Doe Ils Tod fanden wir nie einen passenden Termin und trafen uns gar nicht. Wenn ich gewusst hätte, dass unsere Freundschaft so plötzlich und ohne richtigen Abschied enden würde, hätte ich alles in meiner Macht Stehende getan, um ihn noch einmal zu sehen. Das Bedauern über dieses Versäumnis belastet mich stark, aber ich kann jetzt nichts mehr daran ändern.

Was bedeutet es, am Leben zu sein? Was ist das Leben? Wenn ein Mensch aufhört zu atmen und das Herz nicht mehr schlägt, ist er biologisch gesehen tot. Aber liegt nicht auch Wahrheit in der Vorstellung, dass ein Mensch in gewisser Weise weiterlebt, solange man sich an ihn erinnert und ihn vermisst? Mein Freund Doe Il mag von uns gegangen sein, aber ich erinnere mich so deutlich an ihn, als hätte ich ihn gestern noch getroffen. Ich behalte ihn als den leidenschaftlichen jungen Mann mit dem weichen Herzen im Gedächtnis, der für die Kunst lebte. Ich finde keine Worte dafür, wie sehr dieser eine Freund mein Leben bereichert und mit kostbaren Erinnerungen gefüllt hat. Was hatte ich für ein Glück, dass ich ihn kennenlernte und in diesem Leben sein Freund war! Jetzt kann ich nur noch zum Himmel hinaufschauen und sagen: «Du hast Glück in mein Leben gebracht, mein Freund.»

Ich glaube, dass unsere wahren Vermächtnisse nicht in den Inschriften auf Grabmalen zu finden sind. Manche Menschen lassen sich aus Furcht, vergessen zu werden, ihre Titel, Gedichtzeilen oder berühmte Zitate in ihre Grabsteine meißeln. Aber welche Worte man auch wählt, die Inschriften werden nicht ewig Bestand haben. Das Einzige, was wir wirklich hinterlassen, sind die schönen Erinnerungen, die wir mit unseren Lieben zusammen geschaffen haben. Wenn ich das Leben anderer ein wenig glücklicher machen kann, hat mein Leben sich dann nicht gelohnt?

Viele von uns alten Leuten stehen ihre Tage durch, indem sie sich an glückliche Erlebnisse mit ihren Lieben erinnern. Wie möchten Sie in Erinnerung behalten werden, meine lieben Leserinnen und Leser? Möchten Sie nicht auch, dass man Sie als Menschen im Gedächtnis bewahrt, der wesentlich zum Glück eines anderen beigetragen hat? Wenn wir diese Fragen im Sinn behalten, ist uns stets bewusst, dass jeder Tag uns Chancen bietet, in lebendiger Erinnerung zu bleiben.

2

Sinnvolle Arbeit oder Hamsterrad?

1981, auf dem Höhepunkt der landesweiten Industrialisierung Südkoreas, baute das Unternehmen LG Electronics in Huntsville, USA, eine Fabrik für Fernsehgeräte. Einer der größten koreanischen Rundfunksender, Korean Broadcasting System, dokumentierte den gesamten Bauprozess bis zur Inbetriebnahme und berichtete darüber. Der Film war von einer patriotischen Stimmung für die aufstrebenden koreanischen Unternehmen geprägt.

Es ist jetzt über vierzig Jahre her, dass ich diesen Dokumentarfilm gesehen habe, aber eine Szene habe ich nie vergessen. Der koreanische Manager, der für den Bau der Fabrik zuständig war, besuchte die Familie eines seiner amerikanischen Angestellten und interviewte sie. Der Manager sagte zu der Frau des Angestellten: «Ich bin dankbar für die harte Arbeit, die Ihr Mann für unser Unternehmen leistet. Ich möchte das gern so gut honorieren, wie es mir möglich ist, bitte nennen Sie einen Wunsch.»

Ich vermutete, dass die Frau sich eine Gehaltserhöhung oder eine kräftige Bonuszahlung wünschen würde. Stattdessen antwortete sie jedoch: «Ich bitte Sie darum, meinen Mann pünktlich nach Hause zu schicken.»

Damals war ich sprachlos. Zu jener Zeit war die koreanische Gesellschaft ganz darauf fokussiert, unermüdlich zu arbeiten, um unserem Land und unserer Bevölkerung Wohlstand zu bringen. Der ideale Familienvater und Ernährer war jemand, der immer mehr Geld verdiente. Aber diese Frau vertat ihre große Chance auf höhere Einnahmen, bloß damit ihr Mann pünktlich nach Hause kam?

Ein Freund von mir, der auf die neunzig zugeht, sagt jetzt oft reuevoll: «Ich hätte eigentlich gar nicht so hart arbeiten müssen.»

Er erzählte mir, dass sein Leben als Workaholic seine Frau und seine Kinder vertrieben hatte. Wahrscheinlich würden viele Koreaner aus meiner Generation diesem Satz meines Freundes zustimmen. Die wachstumsorientierte Kultur unseres Landes hat von vielen von uns große Opfer verlangt. Und wir haben uns auch selbst ständig zu noch härterer Arbeit angetrieben, um nicht zurückzufallen und unsere Konkurrenz zu schlagen. Wir haben uns gehetzt, als würden wir gejagt. Nachdem die geruhsame, idyllische Stabilität unserer Ackerbaugesellschaft quasi über Nacht verschwunden war, fanden wir uns alle übergangslos in einer Ära des Wettbewerbs wieder. Es überrascht nicht, dass zu einem bestimmten Zeitpunkt die häufigste Todesursache von Vierzigjährigen in Südkorea «Überarbeitung» war.

Leider hat sich daran bis heute nicht viel geändert. Es macht mir zwar Mut, wenn ich sehe, dass in letzter Zeit der Begriff Work-Life-Balance in Korea Einzug hält, ein Hinweis darauf, dass jüngere Generationen jetzt ein Gleichgewicht zwischen Beruf und Privatleben anstreben. Für junge Menschen zählt dieses Gleichgewicht mittlerweile zu den wichtigsten Kriterien bei der Wahl einer Arbeitsstelle. Ich betrachte das als positiven Trend, der unsere Gesellschaft sanft in eine bessere Richtung steuert. Aber es bleibt ein bitterer Beigeschmack, wenn ich daran denke, dass ebendieser Trend ein Zeichen für die ständige Konkurrenz und Überarbeitung in unserer Gesellschaft ist.

Meine Frau hat mir oft berichtet, dass sie ihre Dreißiger- und Vierzigerjahre wie eine jahrzehntelange Betäubtheit erlebte. Sie hat nicht viele Erinnerungen an diese Zeit, denn als arbeitende Mutter mit vier Kindern wurde sie Tag für Tag mit unendlich vielen Aufgaben überschüttet. Und ich kann das sehr gut nachvollziehen.

Vor einer Weile sprach ich einmal mit meinem ältesten Sohn über diese Zeit. Er erzählte, dass er sich während seiner Grundschulzeit, als meine Frau und ich beide arbeiteten, in unserem Zuhause nie richtig zu Hause fühlte. Er war ein Schlüsselkind und trug die Verantwortung für seine drei jüngeren Geschwister. Ich konnte gar nicht in Worte fassen, welche Schuldgefühle ich als Vater empfand, weil ich meinem Sohn in so jungen Jahren solchen Stress zugemutet hatte.

Die Ära der permanenten Überarbeitung und des ständigen Konkurrenzdrucks muss enden. Ja, jetzt ist es Zeit, nicht mehr nur an das reine Überleben, sondern auch an die Lebensqualität zu denken. Haben wir die Jahrzehnte, in denen unterbezahlte Plackerei unsere Wirtschaft zum Blühen brachte, nicht hinter uns gelassen? Wir sollten den Blick auf die Zukunft richten, in der ausschließlich kreative Köpfe in der Lage sein werden, die Wirtschaft wachsen und gedeihen zu lassen. Um Kreativität zu fördern, sind ausreichend Erholung und Freizeit nötig sowie der Mut, Chancen zu ergreifen, und der Freiraum, Dinge auszuprobieren und Fehler zu machen.

Andererseits wage ich die Frage zu stellen: Haben wir uns alle aus freiem Willen halbtot geschuftet? Oder wollten wir schlicht uns und unsere Familien ernähren? Warum haben wir unsere besten Jahre geopfert und wie wahnsinnig gearbeitet?

Als ich anfing, in der Psychiatrie zu arbeiten, war die medizinische Versorgung in Südkorea himmelweit von den Idealen entfernt, die ich aus den Lehrbüchern kannte. Als lehrender Arzt am Yonsei University Severance Hospital, der damals wohl fortschrittlichsten Klinik in Korea, fand ich nicht einmal brauchbar übersetzte medizinische Lehrbücher für meine Studenten, und ich fühlte mich an meine eigenen Kämpfe mit fremdsprachigen Texten erinnert, als ich selbst Medizin studierte und dringend auf Übersetzungen hoffte. Aber niemand versuchte, sich dieser schwierigen Aufgabe zu widmen, daher nahm ich die Sache selbst in die Hand, auch wenn das bedeutete, ständig ein Wörterbuch zurate ziehen zu müssen, während ich mich mit der Übersetzung abplagte. Als sie dann, nachdem ich viel Schweiß darüber vergossen hatte, endlich als Buch erschienen war, wurde sie zu einem der wenigen praktischen Hilfsmittel für viele Pflegekräfte und Therapeuten und überhaupt für alle, die mit psychisch kranken Menschen arbeiteten.

In den 1970er-Jahren waren unmenschliche Behandlungen, darunter Fixierungen und geschlossene Stationen, in den psychiatrischen Institutionen in Südkorea immer noch die Regel. Im Ausland setzte man zunehmend auf offene Stationen, aber bei uns wagte niemand, solche drastischen Veränderungen einzuführen, denn man fürchtete die strengen Klinikvorschriften und skeptische Gesetzeshüter. Zum Glück gelang es mir, die Universität zu überreden, mir freie Hand zu geben, weshalb ich die Klinik so leiten konnte, wie ich es für richtig hielt. Da ich überzeugt bin, dass eine angenehmere Umgebung die Genesung psychisch kranker Patienten unterstützt, wurde ich der erste Psychiater in Südkorea, der mit offenen Stationen arbeitete.

Das alles war anstrengend und herausfordernd, aber ich freute mich immer darauf und liebte meine Arbeit. Wenn ich medizinische Theorien in die Praxis umsetzte, fühlte ich mich wie ein Bauer, der ein steiniges Feld beackert. Daher hatte ich keine Angst, sondern ergriff jede Gelegenheit, um mich neuen Herausforderungen zu stellen. Diese Konzentration auf die Arbeit und die Erfüllung, die sie mir schenkte, ließ mich manchmal alles andere vergessen. Wäre ich nur auf Geld oder Ruhm aus gewesen, dann hätte ich mich nicht in dieser Weise in die Arbeit gestürzt.

Es gibt so viele Menschen, die sagen, sie hätten mit der Arbeit ihre jungen Jahre vergeudet. Natürlich kann man bedauern, dass man andere Dinge versäumt hat, während man sich auf seine Karriere konzentrierte. Aber zuerst sollte man sich fragen, warum man eigentlich so karriereorientiert war. Haben wir nicht auch Sinn, Vergnügen und Erfüllung in der Arbeit gefunden, wenigstens am Anfang? Waren wir nicht stolz auf das, was wir im Beruf erreichten? Wenn ja, dann sollten wir uns nicht verurteilen, sondern uns loben. Arbeit kann sehr viel Freude bereiten. Sollte man sich daher nicht glücklich schätzen, wenn man nach Herzenslust arbeiten kann oder konnte?

Wenn Sie Ihre arbeitsreichen Jahre nach wie vor bedauern, liegt das vielleicht daran, dass Sie sich Ihrer beruflichen Laufbahn nicht aus freien Stücken gewidmet haben, sondern sich dazu verpflichtet fühlten. Im Laufe der Jahre kamen viele Männer als Patienten zu mir, die über vierzig waren und unter Burn-out-Symptomen litten. Sie alle wollten sich eigentlich nicht durch ihren Beruf, sondern durch etwas anderes selbst verwirklichen, doch den meisten gelang das nicht. Das lag weniger daran, dass die Zeit oder die Mittel dazu gefehlt hätten, sondern dass meine Patienten sich nicht sicher waren, was dieses andere hätte sein können. Ganz gleich, wie sehr sie sich eine bessere Work-Life-Balance wünschten, ihre Rufe danach verhallten ungehört. Um ein ausgeglichenes Leben zu führen, muss man sich nämlich erst einmal selbst richtig kennenlernen.

«Bin ich am glücklichsten, wenn ich arbeite?», «Bin ich am glücklichsten, wenn ich Kontakt zu Menschen habe und Beziehungen knüpfe?», «Was gestattet mir, ich selbst zu sein?» – Menschen, die diese Fragen beantworten können, werden nicht in einem sinnlosen Konkurrenzkampf enden. Sie haben es nicht nötig, andere zu besiegen und die Nummer eins zu werden, sondern sie konzentrieren sich auf das, was sie selbst gern möchten, und tun das zu ihren eigenen Bedingungen.

Wer jedoch keine Antworten auf solche Fragen hat, richtet sich nach fremden Maßstäben und versucht, mit den anderen mitzuhalten. Und wenn er dann eines Tages von der Arbeit aufsieht und sich bedauernd fragt, warum er so hart gearbeitet hat, sind seine besten Jahre längst vorbei.

Nicht jeder weiß, was es bedeutet, hart zu arbeiten. Damit meine ich, dass die Freude, die man aus harter Arbeit zieht, eine Belohnung ist. Doch diese Belohnung ist denjenigen vorbehalten, die wissen, wer sie sind, und die eine sinnvolle Arbeit gefunden haben.

Falls Sie sich in dem bisher Gesagten wiederfinden, liebe Leserinnen und Leser, dann seien Sie nachsichtig mit sich und würdigen Sie die Tatsache, dass Sie hart arbeiten können. Arbeit ist nämlich eine lebenslange Aufgabe. Und im Ruhestand zu sein heißt nicht, damit aufhören zu müssen. Wenn Sie bisher noch keinen Sinn und keine Freude in Ihrer Arbeit gefunden haben, sollten Sie jetzt beginnen, danach zu suchen. Finden Sie die Tätigkeit, die Ihnen wirklich sinnvoll erscheint, und erleben Sie, welche Freude sie Ihnen schenken wird.

3

Das Geheimnis der Elternschaft

Damals in den 1980er-Jahren, auf dem Höhepunkt der Demokratiebewegung, kam es ständig zu Zusammenstößen zwischen protestierenden südkoreanischen Studenten und der Polizei, welche die Proteste mit brutaler Gewalt unterdrückte. Während einer solchen Demonstration kam einer meiner Professoren zufällig am Bahnhof von Seoul vorbei und entdeckte, dass seine Tochter in vorderster Reihe mit dabei war. Ihm blieb fast das Herz stehen. Er verstand zwar, weshalb seine Tochter demonstrierte, aber er machte sich Sorgen, dass sie verletzt werden könnte. Nach kurzem Zögern ging mein Professor auf einen Markt in der Nähe, kaufte ein Paar Sportschuhe und brachte sie seiner Tochter. Sie trug nämlich Schuhe mit hohen Absätzen, und er hoffte, dass sie sich in den neuen Schuhen wenigstens beim Laufen keine Verletzungen zuziehen würde. Wegen dieses kleinen elterlichen Liebesdienstes wurde er später vom Geheimdienst verhört. Man warf ihm vor, er habe die Demonstranten ermutigt. Es ist lächerlich, aber so sah unsere Welt damals aus.

Jeder kann verstehen, dass Eltern häufig um die Sicherheit ihrer Kinder bangen. Wenn man aber darüber nachdenkt, was Sicherheit für die Kinder langfristig bedeutet, wird es schwierig, eindeutig zu bestimmen, was das Beste für sie ist. Sollten wir ihre Autonomie und ihre Entscheidungen respektieren? Und wenn ja, was können wir als Eltern tun, um ihnen zu helfen? Das sind Konflikte, die viele – wenn nicht sogar alle – Eltern erleben. Und in einer solchen Situation sorgte sich mein

Professor zwar um seine Tochter, aber er entschied sich dafür, in ihrem Interesse zu handeln und ihr ein Paar bequeme Schuhe zu kaufen, statt zu erwarten, dass sie ihren Protest für die Sache, an die sie glaubte, aufgab.

Eltern zu sein ist eine große Aufgabe, denn es gibt kein Handbuch dazu. Eltern haben ganz unterschiedliche Persönlichkeiten, jedes Kind hat einen anderen Charakter, und das Leben hält für jede Familie andere Umstände bereit, mit denen sie zurechtkommen muss. Kurz, man muss von Fall zu Fall entscheiden, und daher können selbst die kompetentesten Fachleute keine narrensicheren Ratschläge geben, wie mit komplizierten Problemen umgegangen werden sollte. Hier sind also die Eltern gefragt, und sie müssen in einer konkreten Situation sofort reagieren und sich ihr stellen, immer und immer wieder. Manchmal wird uns dabei dann bewusst, dass wir unsere Kinder nicht besonders gut verstehen.

Ich möchte Ihnen eine Geschichte aus der Kindheit meines ältesten Sohnes erzählen, der Astronom geworden ist. Schon lange bevor er in die Grundschule kam, interessierte er sich für die Sterne, und in meiner Familie wurde immer heiß diskutiert, warum sie ihn schon in so jungen Jahren so sehr faszinierten. In den Ferien nahm ich meinen kleinen Sohn häufig zu meinem früheren Mentor mit, und wenn wir zusammensaßen, stellte er dem Jungen viele Fragen. Aufgrund dieser kleinen Interviews kam mein Mentor zu dem Schluss, dass mein Sohn, da seine Eltern beide bis spät in den Abend hinein arbeiteten, wohl nichts anderes zu tun hatte, als abends zu den Sternen hinaufzuschauen. Demnach sei seine Beziehung zu ihnen wahrscheinlich Ausdruck seiner Trennungsangst, und die Sterne seien seine imaginären Freunde. Da sprach ein waschechter Psychoanalytiker.

Ich war, ehrlich gesagt, nicht seiner Meinung. Als ich selbst klein war, kletterte ich oft auf einen Dattelpflaumenbaum, um mir die Zeit zu vertreiben. Nachdem Korea unabhängig geworden war, leistete meine Mutter häufig außer Haus ehrenamtliche Arbeit. Damals war ich ein empfindsames Kind, das schnell weinte und alles persönlich nahm. Wenn ich mich nach meiner Mutter sehnte, kletterte ich also auf den Baum und von da aus auf das Dach unseres Hauses, einfach, um dort allein zu sitzen und zu weinen.

Ich musste auch später immer wieder an diese Zeiten denken, und als wir im Stadtteil Deungchon ein Haus gebaut hatten, stellte ich eine Leiter auf, die bis zum Dach reichte, damit meine Kinder dort oben spielen konnten. Abends war das Dach der perfekte Ausguck, um die Sternbilder zu betrachten. Daher vermutete ich natürlich, dass mein Sohn aufgrund meiner weisen Voraussicht und des behelfsmäßigen Observatoriums, das ich gebaut hatte, davon träumte, Astronom zu werden. Insgeheim war ich stolz darauf, dass ich bei der Berufswahl meines Sohnes eine Rolle gespielt hatte.

Doch Sie ahnen es schon: Wir alle irrten uns. Es stellte sich nämlich heraus, dass mein Sohn sich bereits für die Sterne interessierte, als wir noch in Dapsimni lebten, also am Stadtrand von Seoul. Dort spielten er und seine Freunde in einer schmalen Gasse, und wenn die Sonne unterging, wurden die Freunde einer nach dem anderen nach Hause gerufen. Mein Sohn blieb immer als Letzter übrig und schaute in den Himmel hinauf, bis meine Frau und ich von der Arbeit zurückkehrten. Dabei entdeckte er, dass ein besonders heller Stern nach Einbruch der Dämmerung immer als Erster erschien. Er fragte, wie er hieß, aber weder die Lehrer noch meine Frau oder ich konnten ihn aufklären. Dann blätterte er eines Tages in einer Schülerzeitschrift und fand heraus, dass sein «Stern» der Planet Venus war. So begann sein Interesse an den Sternen, und als Apollo 11 auf dem Mond landete, fasste er den Entschluss, Sternforscher zu werden.

Sicherlich haben viele verschiedene Faktoren zu diesem Entschluss beigetragen. Doch wichtiger als alle anderen war die Wissbegierde meines Sohnes. Es war weder Trennungsangst, wie mein früherer Mentor glaubte, noch war es die Tatsache, dass ich ihm ein Zuhause schuf, von dem aus er die Sterne beobachten konnte. Er entdeckte einfach zu einem prägenden Zeitpunkt in seinem Leben die Sterne für sich, wurde neugierig und forschte nach. Das war alles.

Wenn Sie selbst Eltern sind, liebe Leserinnen und Leser, wissen Sie bestimmt, wie überraschend häufig Ihre Kinder ganz andere Erinnerungen an frühere Ereignisse haben als Sie selbst. Meine Kinder erinnern sich oft gar nicht mehr an etwas, das ich als bedeutsame Geste meinerseits betrachtete, und manche Ereignisse, die mir völlig entfallen sind, wurden für meine Kinder zu bleibenden Erinnerungen. Das ist die knifflige Seite der Elternschaft: Man bemüht sich, den Kindern etwas Bestimmtes mitzugeben, aber es erreicht sie nicht immer, und Dinge, auf die man keinen zweiten Gedanken verschwendet, beeinflussen sie letztlich mehr, als wir jemals gedacht hätten.

Ehrlicherweise muss ich sagen, dass ich die Jahre, die meine Familie in Deungchon lebte, nicht als glückliche Zeit in Erinnerung habe. Das Gebiet wurde damals überstürzt für Menschen bebaut, die unbedingt eine Unterkunft brauchten, und das Viertel war für Familien mit kleinen Kindern nicht wirklich geeignet. Meine Kinder mussten eine Straße ohne richtigen Überweg überqueren, um den Bus zu nehmen, oder einen Hügel hinaufsteigen, um die Schule zu erreichen. Die unbefestigten Straßen wurden bei Regen zu wahren Schlammlöchern. Ich arbeitete damals im Yonsei University Severance Hospital und hatte, wenn ich durch den Regen zur Arbeit gekommen war, immer Sorge, dass ich mit meinen Schuhen Schmutzspuren auf den sauberen Krankenhausböden hinterlassen könnte. Daher begab ich mich stets als Erstes zur Toilette und säuberte dort meine Schuhe. Hinzu kam, dass unsere Baufirma Pleite gemacht hatte, als unser Haus erst halb fertig war und das Tor zur Straße noch fehlte. Ich hatte ein schlechtes Gewissen, weil ich meine Kinder in einer so gefährlichen Umgebung aufwachsen ließ, und machte mir ständig Sorgen um sie.

Doch zu meiner Überraschung stellte ich später fest, dass meine Kinder sich sehr gern an diese Jahre erinnern. Sie erzählten mir, sie hätten auf dem Schulweg Fasane und Schlangen gesehen, wenn sie über den Hügel gingen, und sich sogar mit Streifenhörnchen und Vögeln angefreundet. Auf noch unbebauten Baugrundstücken spielten sie bis in den späten Abend hinein mit den Nachbarskindern. Da wir kein Tor hatten, gingen alle bei uns ein und aus, und meine Familie verstand sich mit der gesamten Nachbarschaft so gut, als wären wir mit allen verwandt. Was ich als gefährliches Viertel in Erinnerung hatte, war für meine Kinder ein Spielplatz gewesen, mit allem, was die Natur zu bieten hatte.

Was bedeutet es, Kinder gut aufzuziehen? Eltern wollen für ihren Nachwuchs alles tun, was in ihrer Macht steht. Aber es gibt keine Garantie dafür, dass diese Bemühungen den Kindern tatsächlich guttun. Kinder nehmen sich, was sie brauchen, nicht das, was man ihnen zugedacht hat, und schaffen sich ihre Welt selbst. Gestatten Sie mir daher, dass ich einmal kurz meinen Doktorhut aufsetze. Wenn unsere elterlichen Vorschriften die Entwicklung unserer Kinder so selten in der von uns beabsichtigten Weise beeinflussen, ist es dann überhaupt richtig, wenn wir glauben, wir leisteten die harte Arbeit als Eltern für unseren Nachwuchs? Offenbar leisten die Kinder nämlich ebenfalls harte Arbeit, indem sie unsere Regeln und Entscheidungen umgehen. Wenn wir Eltern jedoch unsere Möglichkeiten im Leben voll ausschöpfen, wachsen die Kinder auf dem Boden dieser guten Leben zu starken Menschen heran und nehmen sich die Nährstoffe, die sie brauchen – das kann ich aus eigener Erfahrung sagen. Es ist nicht nötig, dass man sich Ideale von «guter Elternschaft» zum Vorbild nimmt und sich danach richtet. Wenn wir das eigene Leben nach besten Kräften leben, werden wir zu passablen Eltern für unsere Kinder – und das ist alles, was sie brauchen.

Als ich anfing, am Ewha Womans University Hospital zu arbeiten, wurden Psychiatriepatientinnen nur ambulant behandelt, es gab noch keine eigene Station für sie. Unter meiner Leitung eröffneten wir eine kleine Station für bis zu zwanzig Patientinnen, und ich nahm meine Kinder oft dorthin mit. Meine Verwandten waren entsetzt darüber und machten mir Vorhaltungen. Aber was ist falsch daran, wenn ich meinen Kindern zeige, wo und wie ich arbeite? Ich habe die Behandlung von psychisch kranken Menschen nie als Stigma betrachtet, das ich vor meinen Kindern verbergen sollte, und ich fand es falsch, Menschen mit psychischen und neurologischen Beschwerden automatisch für potenziell gefährlich zu halten. Daher begleiteten meine Kinder mich weiterhin häufig zur Arbeit, und sie wurden sowohl von meinen Mitarbeiterinnen als auch von den Patientinnen regelrecht verwöhnt.

Zu Weihnachten oder an anderen Feiertagen führten meine Kinder Theaterstücke auf oder sangen als Chor für das Klinikpersonal und die Patientinnen. Niemand hatte sie dazu aufgefordert. Sie steckten einfach die Köpfe zusammen und entwickelten diese Ideen, was mich natürlich sehr freute. Manchmal waren ihre Aufführungen fantasievoll, manchmal auch so überraschend aufschlussreich und scharfsinnig, dass wir Erwachsenen gezwungen waren, uns selbst prüfend zu betrachten. Außerdem waren meine Kinder als Ehrengäste mit dabei, wenn wir – das Klinikpersonal, die Patientinnen und ihre Pflegerinnen – im Frühjahr und im Herbst Ausflüge machten. Die Zeit, die wir gemeinsam außerhalb der Klinikmauern verbrachten, gab den Patientinnen wertvolle Möglichkeiten, wieder Kontakt zur Außenwelt zu knüpfen. Und meine Kinder zogen großen Gewinn daraus, sich unter den ganz besonderen Umständen bei diesen Veranstaltungen zurechtzufinden.

1974 führte ich am Ewha Womans University Hospital Psychodrama als Behandlungsmethode ein. Dabei arbeitete ich mit dem Dramatiker Oh Young Jin, mit Professor Rhee Kang Baek und mit Direktor Kim Sang Yeol zusammen. Vor allem meinen ältesten Sohn beeinflussten diese frühen Begegnungen mit kreativen Denkern und Künstlern stark. Oh Young Jin, den er «Großvater» nannte, erzählte ihm viele Geschichten über die Sterne. Rhee zeigte ihm sogar frühe Entwürfe für ein Theaterstück, das auf die Bühne gebracht werden sollte, und er interessierte sich aufrichtig, als mein Sohn sich an einem Roman versuchte, und bot sein Feedback an. Selbst heute noch liebt mein Ältester Bücher und Theaterstücke und verbringt gern Zeit in Kunstmuseen. Das ist zweifellos auf die prägenden Erfahrungen zurückzuführen, die er in jungen Jahren machte.

Als ich meine Kinder mit zur Arbeit nahm, verfolgte ich keine geheime Agenda, ihnen irgendwelche wertvollen Erfahrungen angedeihen zu lassen. Ich wollte ihnen nur möglichst umfassend zeigen, wie mein Arbeitsalltag aussah. Und ich hatte auch nicht geplant, dass diese Erfahrungen aus erster Hand zu entscheidenden Momenten in ihrem Leben werden sollten, sondern ich wollte einfach möglichst viel von meiner knappen Zeit mit ihnen gemeinsam verbringen. Meine Kinder jedoch nahmen die Erfahrungen in der für sie ungewohnten Umgebung in sich auf und machten sie sich zu eigen. Nicht ich habe meine Kinder gut aufgezogen, liebe Leserinnen und Leser, sondern sie selbst haben beim Erwachsenwerden großartige Arbeit geleistet. Darin liegt meiner Ansicht nach das Geheimnis der Elternschaft.

Daher sollten Eltern nicht immer wieder zurückblicken, ihre Entscheidungen bereuen und sich wünschen, sie könnten etwas ungeschehen machen. Sehen Sie, Elternschaft ist in so vieler Hinsicht vertrackt. Im Alter, wenn diese Jahre hinter Ihnen liegen, geht es Ihnen vielleicht genauso wie mir: Wir bemühten uns, gute Eltern zu sein, erkennen nun aber, dass vieles nicht wie geplant verlaufen ist. Möglicherweise sind Ihre Annahmen über Ihre elterliche Rolle genauso falsch, wie meine es waren, als ich glaubte, ich hätte in meinem Sohn den Traum geweckt, Astronom zu werden.

Ich war mir zum Beispiel bei der Erziehung selbst oft unsicher, obwohl ich als Psychiater ziemlich gut über Eltern-Kind-Beziehungen Bescheid wusste. Weil meine Mutter überfürsorglich gewesen war, hatte ich mich immer nach entspannten, lockeren Eltern gesehnt und folglich beschlossen, meinen eigenen Kindern gegenüber nachsichtig zu sein und kaum Grenzen zu setzen. Ich wollte ihnen viel Raum lassen, damit sie sich ausprobieren und Lebenserfahrung sammeln konnten. Aber was geschah? Meine Kinder empfanden meine Erziehungsmethode als hart an der Grenze zur Vernachlässigung!

Einmal erhielt mein ältester Sohn in der Grundschule von seinem Schulleiter eine Auszeichnung. Er war eines Tages bei strömendem Regen mit seinen drei jüngeren Geschwistern von der Schule nach Hause gegangen und hatte sich, da die vier Kinder zusammen nur einen einzigen Regenschirm besaßen, auf dem Heimweg durch und durch nass regnen lassen, während er den Schirm über seine Geschwister hielt. Der Schulleiter hatte die Kinder gesehen und lobte den Ältesten nun für sein ritterliches Verhalten. Als ich davon erfuhr, war ich ungeheuer stolz auf ihn. Aber was sagte mein Sohn zu mir? Er habe doch keine andere Wahl gehabt, meinte er unwirsch, denn mit zwei arbeitenden Eltern sei er der Einzige, der auf seine Geschwister aufpassen könne. Da er noch zur Grundschule ging, muss er sich gewünscht haben, auch einmal umsorgt zu werden, und er hätte vermutlich jemanden gebraucht, auf den er sich verlassen konnte. So aber fühlte er sich wie ein kindliches Familienoberhaupt – mit einer schweren Last auf den Schultern! Statt mir also die Zeit zu nehmen, ihn wirklich zu verstehen, hatte ich ihn gleich für die Auszeichnung gelobt. Was war ich für ein unreifer Vater!

Aber wer von uns ist als Mutter oder Vater wirklich perfekt? Alle Eltern sind Laien und machen zwangsläufig Fehler. Das ist unvermeidlich. Doch das Gute ist, dass wir unsere Kinder mit unseren elterlichen Entscheidungen nicht festlegen, denn sie haben ihre ganz eigenen Kräfte und Fähigkeiten. Ja, ich weiß, es fällt uns vielleicht schwer, das zu akzeptieren, aber unsere Kinder tragen zu ihrem Aufwachsen und zu ihrer Ichfindung selbst einen großen Teil bei, und zwar genauso viel wie wir – wir helfen ihnen lediglich beim Erwachsenwerden.

Die tröstliche Wahrheit ist: Kinder großzuziehen ist viel einfacher, als man vermuten könnte. Von uns als Eltern wird nichts weiter verlangt, als eine gute Bindung zu ihnen aufzubauen und zu pflegen. Und diese Bindung ist gar nicht so anders als andere Verbindungen zu unseren Mitmenschen. Man braucht bloß aufrichtig und authentisch zu sein und sich anständig und würdevoll zu verhalten, statt irgendeinem Bild von der idealen Mutter oder dem idealen Vater nachzustreben. Wenn wir das schaffen, lernen die Kinder, uns so zu akzeptieren, wie wir sind, mit allen unseren guten Eigenschaften und allen unseren menschlichen Schwächen. Um diese authentische Eltern-Kind-Beziehung herum werden Ihre Sprösslinge wachsen und später im Leben ihr volles Potenzial entfalten.

Solange Kinder nach diesen Prinzipien begleitet werden, sehe ich keinen Grund, Väter und Mütter in Kategorien wie gut und schlecht einzuteilen, denn unter diesen Voraussetzungen gibt es weder gute noch schlechte Eltern. Es gibt nur echte Eltern, die sich bemühen, ihr Bestes zu tun.

4

Die eigenen Eltern kennenlernen

Eines Sonntags, als meine Kinder noch zur Grundschule gingen, war meine ganze Familie zu Hause, und wir ruhten uns aus. Ich steckte mir heimlich ein kleines Aufzeichnungsgerät in die Tasche und nahm unsere ganz alltäglichen Gespräche auf. Als ich mir die Aufnahme später anhörte, war ich sehr erschrocken. Meine Kinder waren viel stiller, als ich immer gedacht hatte, und raten Sie einmal, wer am häufigsten zu hören war? Das war ich. Und ich klang sehr herrisch, ganz anders, als mein Psychiater-Ich sich das vorgestellt hatte. An unserem Familiensonntag überging ich Beiträge meiner Kinder mit einem vagen «Lasst uns später noch mal darüber sprechen». Das war natürlich nichts weiter als ein Trick, denn ich hatte meine Entscheidung längst getroffen, und dass ich die anderen nach ihrer Meinung fragte, war reine Formsache. Da meine Kinder aber nur selten protestierten, hatte ich mich immer für einen sehr demokratischen Vater gehalten – was nicht der Wirklichkeit entsprach, wie die Aufnahme mir klarmachte.

Wahrscheinlich ist das der Grund, weshalb meine Kinder sich mit der Zeit angewöhnt haben, meinen Reden nur wenig Aufmerksamkeit zu schenken. Ich verstehe durchaus, wie es dazu kam, aber ich bin doch im Zwiespalt deswegen. Im Alter halten Eltern sich stärker zurück. Sie befürchten, dass ihre Kinder, die voll ausgelastet und oft überfordert sind, das Gefühl haben könnten, sie würden bedrängt, oder aber dass ihr elterliches Engagement als Einmischung oder übermäßige Neugier verstanden werden könnte, obwohl sie ihren Kindern nur etwas abnehmen möchten. Daher wählen betagte Eltern in Gesprächen mit ihren erwachsenen Kindern ihre Worte sehr sorgfältig. Und so ist es kein Wunder, dass es uns schmerzt, wenn diese Worte einfach zu verhallen scheinen, ohne etwas zu bewirken.

Aber was können wir dagegen tun? Auch ich hörte meinem Vater als Kind nicht richtig zu, und zu einem echten Gespräch zwischen uns kam es nur selten. Mein Vater starb mit neunundvierzig, mitten im Koreakrieg. Der Krieg hatte unsere vorher erfolgreiche Nudelfirma über Nacht zerstört, und unsere vierköpfige Familie war gezwungen, von einer schäbigen Einzimmerwohnung in die nächste zu ziehen. In einer dieser heruntergekommenen Wohnungen machte mein Vater seinen letzten Atemzug.

Ich erinnere mich, dass mein leidender Vater Gewicht verlor und täglich schwächer wurde, wir fanden jedoch nie heraus, was ihm fehlte, weil alle Ärzte zum Militär eingezogen worden waren. Damals war ich noch Schüler, aber es gelang mir trotzdem, ein Rezept für ein Medikament zu bekommen. Wir hofften, dass es meinem Vater helfen könnte, und über einen Zeitraum von zwei Jahren, bis zu seinem Tod, verabreichte ich ihm zu Hause Injektionen. Während ich ihm die Spritzen gab und seinen ausgemergelten Körper betrachtete, brach ich oftmals in Tränen aus, weil er von Tag zu Tag hinfälliger wurde. Er war ein Mann von beeindruckender Gesundheit gewesen, aber gegen Ende seines Lebens wand er sich schon bei der kleinsten Berührung mit der Nadel vor Schmerzen. Mein Kummer und mein Mitleid, als er von der Krankheit niedergezwungen wurde, trugen ohne Zweifel zu meiner Entscheidung bei, eine medizinische Laufbahn anzustreben.

Mein Vater war ein Mann mit festen Prinzipien und Regeln, und er befolgte sie, als hinge sein Leben davon ab. Als er noch die Nudelfabrik besaß, war sein Unternehmen so erfolgreich, dass er es sich leisten konnte, weitere Fabriken aufzubauen, in denen Grundnahrungsmittel hergestellt wurden. Er hätte sein Unternehmen auch gern über unsere Heimatstadt Daegu hinaus auf das ganze Land ausgedehnt. Dazu aber brauchte er – Korea war damals von den Japanern besetzt – die Erlaubnis des japanischen Generalgouverneurs. Mein Vater füllte die komplizierten Antragsformulare aus und bewarb sich für die Genehmigung, doch sie wurde ihm immer wieder verweigert. Zu der Zeit waren die richtigen Beziehungen häufig wichtiger, als gesetzlich vorgeschriebene Verfahren oder Formalitäten zu befolgen, und man brauchte jemanden, der ein gutes Wort für einen einlegte. Doch mein Vater weigerte sich, zu solchen Mitteln zu greifen. Er setzte Vertrauen in die Vorschriften, die einzuhalten man ihm beigebracht hatte. Eines Tages griff mein Onkel ein, der das alles beobachtet hatte, und sagte: «Bruder, lass mich mal machen.» Und schon am nächsten Tag bekam er die offizielle Genehmigung. Ich weiß nicht, welche Fäden mein Onkel dazu ziehen musste, aber ich wette, dass mein Vater völlig verblüfft war.

Meine Mutter hingegen war eine Kriegerin. Sie hatte darauf bestanden, die höhere Schule zu beenden, und ihr Vater, der dagegen gewesen war, hatte sich ihrem Willen gebeugt. Später setzte sie sich dafür ein, Kimchi und Sojabohnenpaste in Fabriken zu produzieren. Das widersprach der schon ewig herrschenden Überzeugung, dass diese Grundnahrungsmittel, ohne welche die koreanische Küche nicht denkbar ist, unbedingt zu Hause selbst hergestellt werden müssten. Aber meine Mutter sah nur die unglaubliche Arbeit und den Schweiß, die die Zubereitung zu Hause kostete, denn Kimchi und Sojabohnenpaste wurden einmal im Jahr in einer Menge zubereitet, die einer Familie für die kommenden zwölf Monate reichen sollte. Für unsere vierköpfige Familie zum Beispiel waren für eine Jahresportion Kimchi dreißig Kohlköpfe nötig – und meine Mutter

war der Ansicht, dass man die Verarbeitung einer derart großen Menge einer Fabrik überlassen sollte.

Kurz gesagt, meine Mutter war ihrer Zeit weit voraus, und
außerdem musste alles so laufen, wie sie es wollte. Man kann
sich daher vorstellen, wie frustrierend das Leben mit einem
Mann wie meinem Vater für sie gewesen sein muss! Vielleicht
lag es an den Spannungen, die durch die große Verschieden-
heit meiner Eltern entstanden, dass meine Mutter während
ihrer Ehe unter chronischen Magenbeschwerden litt und häufig ans Bett gefesselt war. Da schmerzstillende Medikamente
in Korea damals Mangelware waren, mussten viele Menschen
auf Morphium zurückgreifen, und meine Mutter war keine
Ausnahme. Doch nach dem Tod meines Vaters entwickelte
sie recht bald eine Konstitution wie ein Pferd und zeigte auch
keine Anzeichen von Entzugserscheinungen. Jahre später, als
ich Arzt wurde, erkannte ich, dass ihre chronische Krankheit
wahrscheinlich mit dem Stress zusammenhing, den die ständigen Kompromisse im Zusammenleben mit meinem Vater bei
ihr ausgelöst hatten.

Unter der Führung einer so starken Mutter wuchs ich zu einem mustergültigen Schüler und Studenten heran, und ich vermutete immer, dass ich meine mangelnde Flexibilität – die sich
in einer Aversion äußerte, Regeln jeglicher Art zu brechen –
von meinem Vater geerbt hatte. Da ich der einzige Sohn war
und nur noch eine jüngere Schwester hatte, musste ich nicht
nur mit meinen eigenen Schwächen umgehen lernen, sondern
auch mit der Überfürsorglichkeit meiner Mutter. Manchmal,
wenn ich mir vorkam wie in einem Käfig, gab ich alle Schuld
meinem Vater. Ich sah auf ihn herab als auf einen Mann, der
Pflichterfüllung immer über seine eigenen Wünsche stellte,
einen Normalbürger, der beharrlich mit dem Strom schwamm
und tat, was die breite Masse tat.

Viele Jahre nach seinem Tod erfuhr ich jedoch etwas über

ihn, das meine Sicht auf ihn veränderte. Ich hatte immer gewusst, dass er auf die gleiche höhere Schule gegangen war wie ich – auf die Kyungpook-Oberschule in meiner Heimatstadt Daegu – doch irgendwann entdeckte ich, dass er in unseren Jahrbüchern fehlte. Als ich versuchte, dieses Rätsel zu lösen, stellte sich heraus, dass er seinen Abschluss anderswo gemacht hatte, nämlich an einer höheren Schule in Mokpo. Warum, erschloss sich mir nicht. Die Verkehrsverbindungen waren damals wahnsinnig schlecht, warum also war er in Mokpo zur Schule gegangen, einer Stadt, die in einer anderen Provinz lag? Doch wie sich dann herausstellte, hatte mein Vater zu den Schülern gehört, die die Bewegung des Ersten März anführten und die Unabhängigkeit Koreas forderten. Sämtliche Schüler, die an dieser Bewegung beteiligt gewesen waren, waren damals von meiner Schule verwiesen worden, und so hatte auch er sich eine neue Schule suchen müssen. Ich war sprachlos. Mein Vater, der sich immer so eisern an die Vorschriften gehalten hatte, war von der Schule geflogen? Wer hätte gedacht, dass er ein leidenschaftlicher Rebell gewesen war? Und wie kam es, dass er diese Seite seiner Persönlichkeit mehr als ein halbes Leben lang verborgen gehalten hatte? Meine Entdeckung rief eine alte, längst vergessene Erinnerung wach. Einmal hatte ich miterlebt, wie mein sonst immer so freundlicher, sanfter Vater seine rebellische Seite zeigte. Damals war ich ein frecher kleiner Sechsjähriger gewesen und hatte während der feierlichen japanischen Morgenstunde in der Schule Blödsinn gemacht. Dafür bekam ich Schläge, und man nannte mich einen *boollyeongsunin*, einen aufrührerischen Koreaner – das war ein abwertender, diskriminierender Ausdruck für Koreaner, die zur Zeit der Kolonialherrschaft dem japanischen Regime nicht gehorchten.

Als mein Vater erfuhr, was in der Schule vorgefallen war, warf er meine Schultasche in den Vorgarten, packte alle Schulbücher von meinem Schreibtisch dazu und zündete das Ganze an. Er brüllte mich an, ich solle bloß nicht glauben, dass ich jemals wieder einen Fuß in diese Schule setzen würde. Mir zitterten die Knie, so erschrocken war ich über den Ausbruch dieses Mannes, der meinem Vater so gar nicht ähnlich war. Auch meine Tanten wussten nicht, was sie tun sollten, und versuchten vergeblich, ihn zu beruhigen. Anschließend wurde nie wieder über den Vorfall gesprochen, und ich konnte mich auch nie überwinden, meinen Vater danach zu fragen. Deshalb kam die Erinnerung daran erst wieder hoch, als ich herausfand, dass man ihn damals von der Schule verwiesen hatte.

Jetzt verstehe ich ihn: Sein Zornesausbruch war das Resultat seiner aufgestauten Frustration, seiner Wut auf die japanische Kolonialherrschaft, der Angst, die er während seiner Aktivitäten für die koreanische Unabhängigkeit gehabt hatte, und seiner Verzweiflung und Scham darüber, dass er sein Leben im Widerstand aufgegeben und den leichten Weg eines Normalbürgers gewählt hatte. Alle diese Gefühle mussten ihn in eine Krise gestürzt haben, als sein einziger Sohn misshandelt und als «aufrührerischer Koreaner» bezeichnet worden war.

Bis heute bedaure ich zutiefst, dass ich diese Geschichten nicht von meinem Vater persönlich gehört habe. Ich hätte ihn kennenlernen können, hätte etwas über seine Träume und seine Enttäuschungen im Leben erfahren können und auch über die Lehren, die er daraus gezogen hatte. Doch als törichter Jugendlicher war ich nur zu schnell bereit gewesen, ihn als unterwürfigen Bürger abzustempeln, der sich nicht aus seinem Schneckenhaus herauswagte. Es war mir nie in den Sinn gekommen, nachzuforschen, wer mein Vater in Wirklichkeit war. Das tut mir so leid, so schmerzlich leid.

Selbst solange wir noch im Schatten unserer Eltern leben, finden wir kaum jemals heraus, wie sie zu den Menschen wurden, die sie sind. Was wir über sie zu wissen glauben, ist nur die Spitze eines Eisbergs, und die meisten von uns lösen sich von ihren Eltern, ohne gesehen zu haben, was sich unter der Wasseroberfläche verbirgt. Wie können wir unser eigenes Leben richtig verstehen, wenn wir unsere Eltern nicht verstanden haben? In ihren Lebensgeschichten verstecken sich Hinweise, die für unser Verständnis von uns selbst wesentlich sind. Erst wenn wir unsere Eltern als Menschen betrachten, die Geschichten zu erzählen haben, können wir endlich auch jene Teile von uns selbst verstehen, die wir von ihnen geerbt haben.

Ich verspreche Ihnen, liebe Leserinnen und Leser, dass in den Lebensgeschichten Ihrer Eltern ein Pfad zu Ihrer eigenen Lebensgeschichte verborgen ist. Doch diesen Pfad kann man nur finden, wenn man nach Hinweisen und Indizien dafür Ausschau hält und sich ernsthaft bemüht, die Sichtweisen der Eltern zu verstehen. Seien Sie neugierig auf Ihre Eltern! Lassen Sie Ihre Vorurteile für einen Moment beiseite und hören Sie ein wenig mehr zu. Das ist ein ernst gemeinter Rat von einem törichten Sohn, dem klar wurde, dass er seinen Vater erst lange nach dessen Tod kennenlernte.

5

Bedauern führt zu nichts

·

Eines Tages besuchte mich ein früherer Student von mir, der einige Jahre zuvor in den Ruhestand getreten war. Manche Menschen leiden unter den Symptomen der «Ruhestandskrankheit» stärker als andere, und er schien einer der schweren Fälle zu sein. Er hatte alles, was es für eine sanfte Landung in einem schönen Lebensabend brauchte, trotzdem war er ständig ängstlich und nervös. Sein Körper funktionierte nicht mehr so wie früher, sein Gedächtnis war schlechter geworden, er hatte das Gefühl, in vielen seiner einstmals wichtigen Beziehungen an Bedeutung verloren zu haben, und niemand hörte ihm mehr zu. Ich sagte ihm, dass wir alle alt werden, und zwar auf ganz ähnliche Weise wie er, und dass das im Leben nun mal so ist – doch das verschlimmerte seine Ängste nur noch.

Was hätte ich sagen können, um ihn zu beruhigen? Im fortgeschrittenen Alter hat man ja tatsächlich eine Menge zu verlieren. Die besten Jahre des Körpers liegen lange zurück. Manche Wissenschaftler betrachten das Altern sogar als pathologisches Phänomen, stufen den Alterungsprozess also als Krankheit ein. Selbst einfache Aufgaben kosten mit dem alten Körper deutlich mehr Mühe, und auch die geistigen Kräfte lassen nach. Gibt es also irgendetwas Gutes am Altwerden? Lassen Sie mich die Frage stellen: Wenn es Ihnen gelungen ist, einen guten Plan für Ihr Leben im Ruhestand aufzustellen, würden Sie das – trotz aller Widrigkeiten, die in dieser Phase zu bewältigen sind – nicht als Segen bezeichnen?

Ich versuchte, vernünftig mit meinem früheren Studenten zu sprechen, und wies ihn darauf hin, dass er es im Alter besser habe als die meisten anderen Menschen. Er hatte als Wissenschaftler wunderbare Leistungen erbracht, hatte viele großartige junge Kollegen betreut, die daraufhin in seine Fußstapfen getreten waren, und seine Ersparnisse und seine Pension reichten aus, um im Alter angenehm zu leben. Zudem hatte er weiterhin auch nach seiner Pensionierung bei vielen Gelegenheiten Vorträge und Reden gehalten. Trotzdem sagte er, er wisse nicht, wo seine besten Jahre geblieben seien, und wenn er an die Zukunft denke, spüre er immer einen Kloß im Hals.

Auch wenn ich ihn ermutigte, seine Situation positiver zu sehen, verstand ich doch sein tiefes Bedauern bei der Vorstellung, was hätte sein können und was hätte sein sollen. Hinzu kommt, dass man im Alter möglicherweise mit der Furcht vor dem nahenden Tod lebt. Doch das hilft natürlich niemandem. Daher möchte ich hier einige wirksame Strategien vorstellen, um mit Ängsten im Alter umzugehen.

Erstens: Ich rate Ihnen, Ihr Alter zu akzeptieren und im «Trotzdem-Modus» zu denken. Bilden Sie sich nichts auf bedeutungslose Kommentare ein wie «Sie sehen jung aus für Ihr Alter». Selbst wenn man Ihnen Ihr Alter tatsächlich nicht ansieht, bedeutet das nicht, dass Sie anders altern. Jung zu wirken und jung zu sein sind zwei völlig verschiedene Dinge. Wie albern wäre es, wenn Sie darauf bestehen würden, jung zu sein, obwohl alle Daten etwas anderes aussagen.

Das hohe Alter hat nicht viele Vorteile, und ich kann eigentlich nicht widersprechen, wenn Sie sagen, dass die Gründe, traurig und deprimiert zu sein, überwiegen. Doch wenn Sie im «Trotzdem-Modus» sind, erweisen sich die Nachteile als weniger schlimm. Ja, Körper und Geist sind nicht mehr ganz so fit wie früher, *trotzdem* können Sie sich nützlich machen und einen Beitrag für die Gesellschaft leisten. Ich verspreche Ihnen:

Es gibt eine Aufgabe für den Rest Ihres Lebens, an die Sie nur noch nicht gedacht haben.

Die Gegenwart ist immer eine Summe aus unseren früheren Handlungen und Entscheidungen. Wir alle haben im Laufe der Jahre Wissen und Erfahrung angesammelt. Das ist ein großer Schatz, den es zu erkennen und zu würdigen gilt. Überlegen Sie einmal, ob Sie Ihre Lebenserfahrung und Ihre Errungenschaften nicht vielleicht unterschätzen. Ob die Früchte Ihrer Mühen nun groß oder klein sind, in jedem Fall sind sie wertvoll. Wenn Sie selbst aber diesen Früchten keinen großen Wert beimessen, wie können Sie dann erwarten, dass andere Menschen Sie für das, was Sie aus Ihrem Leben gemacht haben, respektieren? Denken Sie daran: Akzeptieren Sie, dass Ihre Lebenswirklichkeit sich im Alter ändert, aber nutzen Sie Ihren großen Reichtum. Wer Sie auch sein mögen, im Alter besitzen Sie einen großen Schatz wertvoller Erfahrungen und Wissen, den Sie der Welt anbieten können, *trotz* aller Schattenseiten dieser Lebensphase.

Zweitens: Überstürzen Sie nichts, sondern erledigen Sie Dinge «häppchenweise». Wenn Sie Ihren Reichtum erkannt haben, ist es Zeit, ihn zu nutzen. Mit «nichts überstürzen» meine ich nicht, dass Sie zaudern sollen. Machen Sie die Dinge nicht zu kompliziert und legen Sie einfach los, aber denken Sie daran, Stück für Stück vorzugehen, selbst wenn Sie das Gefühl haben, Ihnen laufe die Zeit davon. Die Dinge müssen sich ohne Druck auf natürliche Weise fügen. Entspannen Sie sich daher und genießen Sie den Prozess – er wird Ihnen Spaß machen! Im hohen Alter ist es wichtiger, sich am Geschehen selbst zu erfreuen, als bestimmte Ergebnisse zu erreichen. Haben Sie in jüngeren Jahren ein leistungsorientiertes Leben geführt? Dann haben Sie jetzt eine Belohnung verdient, finden Sie nicht? Hier ist das Geheimnis: Die Belohnung ist ebendie Freude, die Sie daran haben, die Dinge «häppchenweise» anzugehen.

Der Vorteil dieses schrittweisen Vorgehens liegt in einer heiteren Lebenseinstellung. Stück für Stück, genauso, wie ein Aprilschauer Ihre Jacke durchnässt. Lassen Sie sich Zeit, dann werden Sie das Vergnügen haben, in jedem Erlebnis etwas Neues zu entdecken, das Ihnen bisher nicht aufgefallen war. Und je häufiger Sie im Gewöhnlichen etwas Neues finden, desto mehr Freude werden Sie am Leben haben, und es werden immer neue Freuden folgen.

Drittens: Vergleichen Sie den Ertrag Ihres Lebens nicht mit den Früchten, die andere geerntet haben. Jean-François Millets Gemälde «Das Angelusläuten» zeigt einen Bauer und eine Bäuerin, die sich am Ende des Tages über einen Korb mit Kartoffeln beugen und voller Dankbarkeit beten. Für mich stellt dieses Gemälde die Essenz eines idealen Lebens im hohen Alter dar: Dieses heitere, gelassene Akzeptieren der Ernte am Lebensabend, einen Moment tiefer Dankbarkeit und dazu die Demut, die Dinge so anzunehmen, wie sie sind, und sich angesichts der Ernte nach all der harten Arbeit zu verbeugen.

Im Alter müssen wir alle das Leben so akzeptieren, wie es ist, und lernen, dankbar zu sein. Der Friede und die Zufriedenheit, die uns für die späten Jahre versprochen werden, können sich nur einstellen, wenn wir unsere Lebensumstände annehmen. Liebe Leserinnen und Leser, vergeuden Sie die Jahre, die Ihnen noch bleiben, nicht damit, dass Sie Komplexe wegen Ihrer Vergangenheit oder Ängste vor der Zukunft entwickeln. Denken Sie nicht: «Ich wünschte, ich hätte mein Feld im Frühling besser gedüngt» oder «Ist das etwa meine ganze Ernte?» oder «Die Erträge der anderen scheinen besser zu sein als meine», sondern überlegen Sie sich, wie Sie das, was Sie im Hier und Jetzt haben, sinnvoll einsetzen können.

Ich möchte es noch einmal sagen: Das Beste am Altwerden ist die Freiheit, die wir gewinnen, wenn alle Verantwortung und alle Verpflichtungen von uns abfallen. Wie hat Ihr Leben vor dem Ruhestand ausgesehen? Haben Sie sich nicht wie ein Ackergaul abgeplagt, um Ihren Lebensunterhalt zu sichern und Geld zu verdienen? In einer Welt, in der es immer nur darum geht, noch mehr Punkte zu sammeln, hatten Sie kaum einen Moment Zeit, sich umzusehen oder auf das eigene Leben zurückzublicken. Im Alter bedauern wir dann möglicherweise, dass wir bestimmte Wege nicht eingeschlagen haben. Der Ruhestand eignet sich jedoch wunderbar, um auf eine zweite Reise zu gehen, die neu gefundene Freiheit zu genießen und dabei dem Herzen zu folgen. Wenn man sich nicht mehr verbiegen muss, leuchtet man von innen heraus. Selbst wenn man nur noch einen Tag zu leben hat – es geht um das eigene Leben, und man kann diesen Tag nach besten Kräften nutzen. Im Alter kann man alles Gelernte in die Praxis umsetzen, aber ich gebe Ihnen einen Tipp: Das funktioniert besser, wenn man damit früh in der zweiten Lebenshälfte beginnt. Unsere Zukunft ist genauso wichtig wie unsere Vergangenheit, ohne das Heute jedoch zählen beide nicht. Wir selbst sind die Architekten unseres Glücks und unserer Zufriedenheit, und den Bauplan dafür können wir schon jetzt entwerfen.

Ein guter Freund gestand mir einmal, dass er sein Leben nie nach seinen eigenen Vorstellungen gelebt hatte. Wenn er an einem Scheideweg seinem Herzen hätte folgen sollen, hatte er immer zu viel Angst vor Veränderung, und ließ sich jedes Mal von dieser Angst leiten. Er ist natürlich keineswegs allein mit seinem Bedauern darüber, nein, tatsächlich höre ich diese Art des Bedauerns sehr häufig von anderen. Ein befreundeter Hospiz-Arzt führte bei seinen Patientinnen und Patienten eine Umfrage durch, und wie sich herausstellte, bereuten sie mit Abstand am tiefsten, dass sie nicht ihrem Herzen gefolgt waren – was eigentlich niemanden überraschte.

Zugegeben, Bedauern oder Reue setzen sich normalerweise beharrlicher in uns fest als Zufriedenheit und begleiten uns daher viel länger. Ganz gleich, wie man sein Leben verbracht hat, man blickt stets auf die Wege zurück, die man *nicht* eingeschlagen hat, und verspürt dann unausweichlich Bedauern und auch Neugier. Aber bedeuten Bedauern oder Reue, dass man sich für den falschen Weg entschieden hat? Was meinen Sie? Machen Reuegefühle all die Jahre, in denen mein Freund nach bestem Wissen und Gewissen gelebt hat, bedeutungslos, sodass sein ganzes Leben nichts weiter ist als eine leere Hülle?

Wir alle werden mit einem Charakter geboren, der in gewissem Maße unveränderlich ist. Selbst Neugeborene zeigen schon unterschiedliche Wesensarten: Gleich nach der Geburt führt eine Krankenschwester ein Instrument in den Mund des Säuglings ein, um Schleim abzusaugen und die Atemwege frei zu machen. Von Natur aus besonders empfindsame Babys fangen dabei an zu schreien, während andere nur ein wenig das Gesicht verziehen.

Selbstverständlich möchten wir alle im Einklang mit dem Charakter leben, der uns angeboren ist. Sensible Menschen fühlen sich in einer übermäßig stimulierenden Umgebung nicht wohl, während Menschen mit dickerem Fell sich vielleicht eine Umgebung mit stärkeren Reizen wünschen, in der sie sich selbst laut und deutlich äußern können. Doch wir können uns weder unsere Eltern noch unsere Hautfarbe oder unser Geburtsland aussuchen. Alle drei sind feste Gegebenheiten, und wir müssen uns daran anpassen. Im Laufe dieses Anpassungsprozesses bilden wir unsere Identität aus und bekommen ein deutlicheres Gefühl für das eigene Ich. Manchmal ist es nötig, dass man sich dem Umfeld fügt, und manchmal hat man die Möglichkeit, es zu verändern und sich selbst treu zu bleiben, und alles das trägt letztlich zu der komplexen Ichbildung bei. Kurz gesagt: Das Leben ist eine Summe aus allen Entscheidungen, die Sie getroffen haben, um eine Balance zwischen Ihrem eigenen Wesen und Ihrer Umgebung herzustellen.

Ganz gleich, ob Sie mit Bedauern auf Ihr Leben zurückblicken oder ob es Ihren Erwartungen entsprach, es war und ist Ihr eigenes Leben. Wie auch immer Ihre Vergangenheit aussehen mag, sie war eine Reise, die sonst niemand auf der Welt unternommen hat. Ihr Leben ist ein einzigartiges Kunstwerk, das von niemand anders als Ihnen selbst geschaffen wurde. Es ist unnachahmlich und unverwechselbar. Betrachten Sie es mit dem Respekt, den es verdient, und reden Sie es nicht klein, auch dann nicht, wenn Reue und Bedauern Ihnen das Herz schwer machen.

Liebe Leserinnen und Leser, es kommt eine Zeit, in der wir unser Leben in der Rückschau betrachten, es annehmen und wertschätzen sollten. Über Buddha erzählt man sich, er habe am Tag seiner Geburt in den Gärten von Lumbini gesagt: «Im gesamten Universum existiere nur ich.» Hat er damit nicht der ganzen Welt zugerufen, dass jeder einzelne von uns einzigartig und unersetzlich ist? Wenn Sie einen Aphorismus auswendig lernen müssen, lernen Sie diesen – und erinnern Sie sich selbst Tag und Nacht daran.

Der oben erwähnte Freund bereut, aus Angst vor dem, was die Leute von ihm denken könnten, sein wahres Wesen unterdrückt zu haben. Aber denken Sie einmal darüber nach: Glauben Sie, dass es leicht ist, der Herde zu folgen und ein gewöhnliches Leben zu führen? Meine Generation hat alle Höhen und Tiefen der jüngeren koreanischen Geschichte durchlebt, von der japanischen Kolonialherrschaft über die koreanische Unabhängigkeit bis zum Koreakrieg und der darauffolgenden Teilung des Landes. In einer Welt mit grausamer Armut und Krieg hatte das Überleben oberste Priorität für uns. Wir machten uns Sorgen um die nächste Mahlzeit und hatten kaum Wahlmöglichkeiten, wenn es darum ging, den Lebensunterhalt zu verdienen. Dass die Einzelnen Opfer brachten, wurde vorausgesetzt – so war es damals eben, es war eine entbehrungsreiche

Zeit. Aber wenn man das alles durchgestanden hat, wenn man es überlebt hat und es der Familie einigermaßen gut geht – ist nicht das allein schon eine große Leistung, ein Meisterstück? Sie haben sich Ihr Leben von Grund auf aufgebaut, verdient das nicht Anerkennung und Beifall?

Empfinden Sie jetzt immer noch Bedauern, liebe Leserinnen und Leser? Bereuen Sie immer noch, einen bestimmten Weg nicht eingeschlagen zu haben? Natürlich werden Sie das, was Sie vermeintlich verpasst haben, stets deutlicher im Herzen spüren als das, was Ihnen gelungen ist. Ich gebe Ihnen daher folgenden Rat: Beschreiten Sie jetzt den Weg, den Sie damals nicht gewählt haben. Wenn Sie sich bisher immer an Ihre Umgebung angepasst haben, ist es jetzt an der Zeit, in Harmonie mit Ihrem ureigenen Wesen zu leben. Ich habe es schon gesagt: Einer der positivsten Aspekte am Älterwerden ist die Freiheit. Wenn Ihre Kinder erwachsen und Sie selbst finanziell mehr oder weniger abgesichert sind, ist es endlich an der Zeit, dass Sie Ihrem Herzen folgen. Statt Erinnerungen nachzuhängen und frühere Entscheidungen zu bedauern, ist es viel produktiver, jetzt mit dem zu beginnen, wovon Sie schon immer geträumt haben. Fangen Sie an, in diesem Moment, und verwirklichen Sie es, Stück für Stück, Tag für Tag.

Zwei hoch angesehene frühere Politiker saßen auf einer Parkbank und klagten über ihre gegenwärtige Lebenssituation. Der eine sagte: «Ich habe nie Ratschläge von anderen befolgt, und sehen Sie sich an, wo ich gelandet bin!» Der andere erwiderte: «Verdammt, ich habe mich immer von anderen beeinflussen lassen, und sehen Sie doch, wohin mich das geführt hat!»

Ganz gleich, wie wir gelebt haben, rückblickend bedauern wir immer irgendetwas. Auch wer erfolgreich war und im Grunde mit seinem Leben zufrieden ist, beneidet vielleicht insgeheim andere darum, dass ihr Leben viel außergewöhnlicher war als das eigene. Doch lassen Sie nicht zu, dass Reue oder Bedauern Ihr gegenwärtiges Leben vergiften. Akzeptieren Sie die Entscheidungen, die Sie früher einmal getroffen haben, weil Sie wissen, dass Sie in den jeweiligen Situationen damals Ihr Bestes getan haben.

Glauben Sie mir, wir alle denken irgendwann einmal: «Wofür habe ich gelebt?» oder «Habe ich mein Lebensschiff wirklich selbst gesteuert?» Aber ganz gleich, wie Ihr Leben verlaufen ist, Sie hatten das Ruder in der Hand. Am Ruder gewesen zu sein heißt nämlich nicht unbedingt, dass man mit dem Ergebnis der vielen kleinen Entscheidungen auf der Lebensreise zufrieden ist. Sondern es bedeutet, diese Entscheidungen aus bestimmten, wohlüberlegten Gründen getroffen zu haben – und das ist unwiderruflich. Sehen Sie der Wahrheit ins Gesicht, dass Ihr bisheriges Leben tatsächlich das Ergebnis Ihrer eigenen Entscheidungen war, dann können Sie in die Zukunft weitergehen. Niemand kann zwei Leben gleichzeitig leben. Und das Leben, das Sie gewählt haben – es war doch gar nicht so schlecht, oder? Seien Sie stolz darauf.

DRITTER TEIL

Geheimnisse für ein glückliches Leben

1

Bereuen

In meinem über fünfzigjährigen Berufsleben als Psychiater habe ich mit Zehntausenden von Patientinnen und Patienten gearbeitet. Manche kamen mit leichten Symptomen zu mir, andere mit deutlich schwereren, die sie im Alltagsleben stark beeinträchtigten. Aber anders als körperliche Krankheiten lassen psychische Leiden sich nicht einfach aufgrund äußerlicher Symptome diagnostizieren. Es gibt zu viele Faktoren im Leben des Patienten, die dazu beitragen können, dass schwere Symptome auftreten. Und selbst wenn die Diagnose feststand, zerbrach ich mir den Kopf darüber, welche Maßnahme für den jeweiligen Patienten die beste sein könnte. Bei der Diagnose und Behandlung von physischen Krankheiten können moderne medizinische Geräte die unumstrittene Lösung sein, aber bis ein Arzt entscheiden kann, ob die Behandlung eines psychischen Leidens tatsächlich anschlägt, vergeht mitunter viel Zeit. Und solche Entscheidungen sind ausnahmslos herausfordernd und müssen meist allein getroffen werden.

Alle Ärzte arbeiten im Grunde mit Leben und Tod. Der Druck, dem ein Arzt ausgesetzt ist, ist daher nicht mit Worten zu beschreiben. In anderen Berufen hat man vielleicht die Möglichkeit, die Auswirkungen falscher Entscheidungen wiedergutzumachen, aber der Irrtum eines Arztes kann Leben kosten. Zuweilen tragen wir bestimmte Patienten noch lange im Herzen – zusammen mit tiefer Reue, dass wir keine andere Entscheidung getroffen haben und sie dadurch vielleicht hätten retten können.

Ich trage mehrere Patientinnen und Patienten im Herzen. In meiner Zeit als Militärarzt kam eines Tages ein Mann in meine Sprechstunde, den ich einige Jahre zuvor bei der Musterung untersucht hatte. Ich sah auf den ersten Blick, dass er ernstlich krank war. Aber die Diagnose, die ich damals als angehender Arzt gestellt hatte, war von meinem Verdacht beeinflusst, er würde seine Krankheit möglicherweise nur vortäuschen. So etwas kommt auch heute noch vor, aber damals hatten wir zahlreiche Fälle von jungen Leuten, die eine Krankheit simulierten, um der Einberufung zu entgehen. Als ich diesen Mann nun wiedersah, überkam mich tiefe Reue. Ich hätte nicht voreilig Schlüsse ziehen dürfen, sondern weitere Untersuchungen vornehmen müssen, um meine anfängliche Diagnose zu überprüfen. Es brach mir das Herz, als ich mir vorstellte, wie viele Jahre dieser junge Mann beim Militär hatte verbringen müssen, wo er immer wieder Benachteiligungen und Verdächtigungen ausgesetzt gewesen war, nur weil ich eine falsche Diagnose gestellt hatte.

Ein weiterer Fall, den ich nie vergessen werde, ist der einer Patientin, die mit einer klinischen Depression zwangseingewiesen worden war. Irgendwann bat sie darum, für eine Nacht nach Hause zu dürfen. Weil unsere jahrelange Zusammenarbeit wirklich gut gewesen war und ihre Symptome inzwischen viel leichter waren, gab ich grünes Licht, und sie durfte die Station verlassen. Natürlich achtete ich darauf, ihren Großeltern, die sie abholten, die verschiedenen Risiken zu erläutern, die mit diesem Ausflug verbunden waren, und ihnen zu erklären, welche Regeln sie zu Hause beachten mussten. Gleich nachdem sie losgefahren waren, erhielt ich einen Anruf von der Mutter der Patientin, die sich zu diesem Zeitpunkt auf dem Land aufhielt. Sie hatte in der Nacht zuvor einen beunruhigenden Traum gehabt und bat mich eindringlich, den Kurzurlaub ihrer Tochter nicht zu bewilligen. Ich beruhigte sie: «Machen Sie sich keine

Sorgen. Als Arzt treffe ich meine Entscheidungen zum Wohl der Patientin.» Doch in dieser Nacht sprang meine Patientin aus dem Fenster ihrer Wohnung in den Tod.

Seitdem habe ich unsagbare Schuldgefühle und bereue meine Entscheidung zutiefst. Immer wieder denke ich, ich hätte auf die Mutter der Patientin hören sollen. Und was ich an jenem Abend zu ihr gesagt habe, hat sich in meinem Herzen festgesetzt wie ein scharfer Dolch, wie eine schwärende Wunde.

Reue ist in gewissem Sinne eine Strafe, die man sich selbst auferlegt. Obwohl ich rechtlich gesehen nicht schuldig war und die Verwandten meiner verstorbenen Patientin keine offizielle Beschwerde einreichten, verurteilte ich mich selbst vor meinem inneren Moralgericht und bestrafte mich selbst mit vielen Jahren peinigender Reue.

Ohne Reue und Bedauern zu leben klingt wunderbar, aber leider ist ein so makelloses Leben in der Realität nicht möglich. Natürlich können wir alle es vermeiden, anderen absichtlich Schaden zuzufügen, aber wir sind weit davon entfernt, perfekt zu sein. Wir können nicht anders, als gelegentlich Fehler zu machen, selbst wenn wir unser Bestes tun. Auch bei den Handlungen, die ich am meisten bereue, hatte ich nie die Absicht, jemanden zu verletzen. Wie oft ich wohl in meinem Leben anderen unabsichtlich Schmerzen zugefügt und wie viele Fehler ich unwissentlich gemacht habe? Würde ich dann noch alle unrechten Handlungen, über die ich gar nicht viel nachgedacht habe oder die mir nicht einmal bewusst sind, mitzählen, wäre die Liste endlos lang.

Ein guter Freund, der nepalesische Arzt Rajbhandari, nahm mich einmal zu einer Wanderung auf den Kalinchowk in Nepal mit. Wir stiegen Hunderte von Stufen zum Gipfel hinauf, wo sich ein Hindutempel befindet. Dort meditierten wir eine Weile und beschlossen dann, auf der anderen Seite des Berges wieder abzusteigen. Auch auf dem Rückweg hatten wir wieder Hunderte von Treppenstufen zu bewältigen. Bevor ich die erste Stufe hinuntergehen konnte, fragte Rajbhandari: «Doktor Rhee, haben Sie jemals gesündigt?»

Ich zögerte einen Moment. Da ich mich nicht erinnern konnte, anderen jemals bewusst etwas Böses angetan zu haben, antwortete ich: «Ich glaube nicht ...»

Er erklärte: «Man sagt, Sünder werden verflucht, wenn sie diese Stufen hinuntergehen.»

Während des gesamten Abstiegs zitterten mir die Knie, und mein Körper wurde ganz steif. Irgendwann fing Rajbhandari an zu lachen und gestand, dass er nur einen Scherz gemacht hatte. Ob Scherz oder nicht, ich schwitzte auf der Wanderung zurück ins Tal vor Nervosität so sehr, dass alle es sehen konnten.

Ja, ich muss gesündigt haben, auch wenn es unwissentlich war. Überlegen Sie einmal kurz: Das Leben ist ein Austauschprozess. Selbst wer behauptet, niemandem etwas zu schulden, schuldet der Welt doch seine pure Existenz. Zunächst einmal muss man sich fragen, wo das Trinkwasser, die Nahrung und die Atemluft herkommen, von denen wir abhängig sind. Wir verdanken diese lebensnotwendigen Dinge anderen Lebensformen auf dem Planeten. Wie viel Leben wurde geopfert und vernichtet, damit wir überleben konnten? Es ist unser menschliches Schicksal, allein durch unsere Existenz anderem Leben Schaden zuzufügen. Wie kann ich also behaupten, ich hätte nicht gesündigt?

Die Nepalesen gehen von einer durchschnittlichen Lebenserwartung von einhundert Jahren aus, die sie in vier Phasen zu je fünfundzwanzig Jahren aufteilen. In der ersten Phase, von der Geburt bis zum fünfundzwanzigsten Lebensjahr, wächst man auf und lernt. In der zweiten Phase, bis zum fünfzigsten Lebensjahr, setzt man das bisher Gelernte in die Praxis um. Vom fünfzigsten bis zum fünfundsiebzigsten Lebensjahr, also in der dritten Lebensphase, soll man bereuen. Und in der letzten Lebensphase, bis zum hundertsten Lebensjahr, befreit man sich von allen weltlichen Dingen. Zu dieser Phase werden wir später noch kommen, jetzt wollen wir uns mit der Reue beschäftigen. Warum plädieren die Nepalesen dafür, in dieser dritten Lebensphase zu bereuen, wenn man doch in der wenigen Zeit, die man vielleicht noch hat, die Früchte von Mühe und Arbeit genießen und etwas Seelenfrieden finden könnte?

Erik Erikson, ein einflussreicher Psychoanalytiker des zwanzigsten Jahrhunderts, entwickelte zusammen mit seiner Ehefrau ein Stufenmodell der psychosozialen Entwicklung. Erikson war der Ansicht, dass jeder Mensch im Laufe seines Lebens acht Phasen durchmacht. Die letzte dieser acht Phasen tritt im späten Erwachsenenleben ein, ab einem Alter von fünfundsechzig Jahren, und betont die Wichtigkeit von Ich-Integrität, also die Fähigkeit, sein Leben so akzeptieren, wie es war und wie es ist, mit allen guten und schlechten Seiten. Erikson zufolge sollten wir unser Leben, wenn wir in diesem Alter zurückblicken, mit einer gesunden, positiven Einstellung betrachten, obwohl wir immer wieder Fehler gemacht und Unrecht getan haben. Ja, Erikson sieht es wie die Nepalesen: Erst wenn wir die Ich-Integrität erlangen, können wir dem herannahenden Lebensende in Ruhe entgegensehen und werden uns nicht äußerster Verzweiflung hingeben, sondern ein echtes Freiheitsgefühl finden.

Deshalb müssen wir alle im Alter bereuen. Wir sollten nicht einfach unsere früheren Fehler zählen, sondern aufmerksam zurückschauen und prüfen, wo und wann wir anderen unabsichtlich Leid zugefügt haben, welche Menschen wir unwissentlich verletzt haben könnten und welche Sünden wir vertuscht haben, ohne uns viel dabei zu denken. Selbst die Scham und die Reue, die wir tief in uns verborgen gehalten haben – auch sie sind Teil unseres Lebens. Und das alles anzunehmen ist der unerlässliche erste Schritt, um die letzten Lebenstage in Glück und Zufriedenheit zu verbringen.

2

....

Das Glück des Verzeihens

Eines Tages kam eine Frau mittleren Alters zur Beratung zu mir. Sie berichtete, ihre Schwiegermutter liege im Sterben, aber sie bringe es immer noch nicht über sich, der sterbenden Frau zu verzeihen. Die Schwiegermutter hatte ihr als Jungverheirateter das Leben schwer gemacht. Meine Patientin erzählte, dass sie immer noch vor Wut zitterte, wenn sie nur das ausgezehrte Gesicht der alten Frau sah, die reglos auf dem Sterbebett lag. Allein ihr Anblick sorgte dafür, dass all die furchtbaren Erinnerungen wieder hochkamen, so lebhaft, als wäre es gestern erst gewesen. Sie versuchte dann, sich zu beruhigen, indem sie wiederholte: «Wir wollen sie gut behandeln, ihre Tage sind gezählt.» Trotzdem spürte sie beim Anblick der alten Frau, wie sich heißer Zorn in ihrer Magengrube sammelte und es ihr die Kehle zuschnürte. Ihre emotionale Not wirkte sich auf ihren Körper aus, und das war ihr anzusehen.

Als Psychiater habe ich viele Menschen kennengelernt, die ein großer Kummer bedrückte. Manche hatten Eltern, die sie emotional missbraucht oder die ihnen ihr Geld weggenommen hatten, andere waren von ihren Ehepartnern betrogen oder von Geschäftspartnern bestohlen worden, bei wieder anderen hatten sich angeheiratete Verwandte als rücksichtslose Ausbeuter entpuppt … Ganz gleich, wer ihnen die Verletzungen zugefügt hatte, die Opfer litten furchtbar. Sie alle klagten darüber, dass Groll und Zorn sich in ihnen verfestigten und ihnen das Herz schwer machten. Glauben Sie mir: Es führt zu nichts, wenn man diesen Menschen gegenüber das Thema Vergebung anspricht. Manch einer sagt seinen Patientinnen oder Patienten vielleicht: «Warum wollen Sie weiter leiden? Es ist jetzt lange genug her, lassen Sie es los.» Aber damit reibt man bloß Salz in die Wunden. Ja, das Unrecht, über das die Patienten sprechen, wurde ihnen in der Vergangenheit zugefügt, aber sie leiden jetzt darunter, in der Gegenwart.

Vergebung ist, vorsichtig ausgedrückt, nicht gerade leicht. Häufig sind es nahe Verwandte oder Freunde, denen man böse ist, nur selten sind es Menschen, denen man sich leicht entziehen kann. Von einem Menschen verletzt zu werden, den man tagtäglich sehen muss, der einen vielleicht sogar liebt, führt zu den tiefsten Wunden. Häufig verbindet uns mit der Person, der wir nicht verzeihen können, eine Hassliebe. Es ist schwer, aus einer derartigen Beziehung auszusteigen – denn wenn man diese Person aus seinem Leben verstößt, fügt man sich selbst mitunter nur weitere Verletzungen zu.

Schlimmer noch ist es, wenn Menschen, die uns so viel Leid zugefügt haben, nicht erkennen, wie schwer dieses Leid weiterhin wiegt, sondern das Geschehene einfach als vergangen betrachten. Selbst wenn sie sich entschuldigen, wirkt es oft so, als würden sie die Angelegenheit nicht ernst nehmen. Oder aber sie denken erst gar nicht daran, sich zu entschuldigen. Vielleicht reagieren sie sogar ganz unbekümmert und werfen es uns vor, dass wir ihnen immer noch böse sind. Diese Unverschämtheit ist dann nur eine weitere Beleidigung. Für die Täter und Täterinnen geht das Leben ganz normal weiter, während den Opfern zusätzlich noch aufgebürdet wird, zu verzeihen.

Verzeihen ist also keine leichte Aufgabe. Tatsächlich ist es sogar äußerst schwer, daher betonen Religionen und Propheten seit jeher, wie wichtig Vergebung ist. Irgendwann muss man vergeben. Wenn man das nicht schafft, bleibt man selbst in der Hölle des Zorns stecken, leidet weiterhin unter der Verletzung, ohne dass ein Ende abzusehen ist. Sollte es meiner Patientin nicht gelingen, ihrer grausamen Schwiegermutter zu vergeben, dann würde allein sie selbst weiterhin leiden. Das heißt, dass man sich zu seinem eigenen Besten für das Verzeihen entscheiden sollte. Groll mit sich herumzutragen ist, so sagen die Buddhisten, als würde man nach heißer Kohle greifen, um sie nach jemandem zu werfen: Man verbrennt sich letztlich nur selbst dabei.

Der schwelende Groll führt nicht immer zu einem Handlungsimpuls oder zur Rache an der Person, die uns verletzt hat. Manchmal verschlingt er mit seiner Glut uns selbst und unser gesamtes Leben. Daher müssen wir lernen, feindselige Gefühle loszulassen, auch wenn das nicht leicht ist. Wir dürfen unser kurzes Leben und unsere begrenzte Energie nicht darauf verwenden, einen anderen Menschen zu hassen. Im Grunde geht es im Leben darum, dass wir glücklich sind. Wenn Sie also frei nach Glück streben wollen, müssen Sie sich jetzt mit dem Thema Vergebung auseinandersetzen. Sie müssen lernen zu verzeihen.

Natürlich lernt man das nicht über Nacht. Selbst wenn man die ersten Schritte unternommen hat und sich allmählich besser fühlt, kann es noch geschehen, dass man plötzlich wieder vor Wut kocht, und obwohl man anscheinend gar nicht mehr an die betreffenden Menschen oder Verletzungen von damals denkt, kann man auf einmal wieder beben vor Zorn. Verzeihen ist ein Prozess, der sich nicht beschleunigen lässt. Versuchen Sie es daher Schritt für Schritt, immer so weit, wie Sie es sich gerade zumuten können. Falls Sie sich entschieden haben, einem Menschen zu vergeben, empfehle ich Ihnen die folgenden drei Schritte.

Erstens: Lösen Sie sich von dem Geschehenen. Je nachtragender Sie sind, desto mehr wünschen Sie sich vielleicht eine Entschuldigung. Aber es ist höchst selten, dass Täter oder Täterinnen auf Knien um Verzeihung bitten. Vergessen Sie den

Gedanken, nur vergeben zu können, wenn Sie darum gebeten werden. Und vergessen Sie auch, dass Sie sich entschieden haben, zu vergeben. Distanzieren Sie sich stattdessen von Ihrem Zorn und Ihrem Hass. Halten Sie die Erinnerung an Ihre Verletzung von sich fern, indem Sie gleichgültig bleiben. Als Erstes müssen Sie sich nämlich selbst vor Ihren toxischen Gefühlen, wie Wut und Groll, schützen und aufhören, auf eine Entschuldigung zu warten.

Vielleicht taucht jetzt die Frage auf, was man denn tun kann, wenn man die Menschen, die einen verletzt haben, Tag für Tag sehen muss. Natürlich ist das Vergeben leichter, wenn man den Kontakt vollkommen abbrechen kann. Noch wichtiger ist jedoch, dass Sie sich innerlich von der schmerzhaften Erinnerung distanzieren. Ein kluger Mann hat einmal gesagt: «Groll zu hegen ist wie von einer einzigen Biene totgestochen zu werden.» Wenn man sich ständig an den erlittenen Schmerz erinnert und dadurch die alten Wunden wieder aufreißt, werden die Hassgefühle nur noch größer. Meine Patientin spürte alles, was ihre Schwiegermutter ihr angetan hatte, so deutlich, als wäre es erst gestern gewesen. In diesem Teufelskreis des Hasses verletzt man sich nur selbst, immer und immer wieder. Wenden Sie den Blick von dem Menschen ab, der Ihnen etwas angetan hat, und konzentrieren Sie sich auf sich selbst. Entscheiden Sie sich dafür, den nötigen Abstand zwischen sich und Ihren tiefen Groll zu bringen, und zwar um Ihrer selbst willen. Das ist der erste Schritt, den Sie machen sollten, um verzeihen zu können.

Zweitens: Sobald Sie sich von Ihren Erinnerungen und Ihrem Zorn gelöst haben und Sie wieder Raum für Reflexion haben, sollten Sie versuchen, Ihr Trauma aus einem neuen Blickwinkel zu betrachten. Wenn Sie in der Lage sind, sich von Ihren schmerzhaften Erinnerungen zu distanzieren, können Sie die Ereignisse neu bewerten und verstehen. Das heißt selbstverständlich nicht, dass das an Ihnen verübte Unrecht wie durch ein Wunder verschwindet, sobald Sie die Perspektive des Täters oder der Täterin nachvollziehen können. Aber wenn Sie verstehen, wie es dazu kam, werden Sie vergeben können, ohne zu vergessen.

Drittens: Vergeben Sie sich selbst. Als Beispiel möchte ich Ihnen eine Geschichte erzählen, die ich als junger Mann erlebt habe. Damals besuchte ich an allen großen koreanischen Feiertagen meinen alten Professor, und da ich nicht viel Geld hatte, war es immer schwierig für mich, ein passendes Geschenk zu besorgen. Die raffinierten Feiertagsgeschenke aus den Kaufhäusern konnte ich mir nicht leisten, aber ich wollte doch eine wohlüberlegte Aufmerksamkeit mitbringen. So kam ich auf die Idee mit den Äpfeln. Ich fuhr zu einer Apfelplantage am Stadtrand, pflückte die besten Äpfel, die ich finden konnte, füllte einen Bambuskorb damit und begab mich zum Haus meines Professors. Er begrüßte mich herzlich und nahm das Geschenk freundlich entgegen. Als ich eine Woche später aus einem anderen Grund wieder zu meinem Professor kam, sah ich meinen Apfelkorb in einer Ecke seines Wohnzimmers stehen. Seine Frau sah, dass ich den Korb betrachtete, und erklärte mit einem Lächeln: «Ja, wie es aussieht, gibt es immer noch Hinterwäldler, die solche altmodischen Geschenke machen.»

Ihre Worte trafen mich ins Herz wie ein vergifteter Pfeil. Danach brachte ich nie wieder Geschenke mit, wenn ich meinen Professor besuchte. Ich war ihm und seiner Frau böse, weil sie mich gedemütigt hatten, obwohl ich die Äpfel doch in bester Absicht mitgebracht hatte. Damals fühlte ich mich so beschämt und verletzt, dass ich fand, ihr Verhalten sei nicht zu entschuldigen. Ich sah keinen Weg, der Frau des Professors wirklich zu verzeihen. Bei jeder Begegnung dachte ich an ihren Kommentar zu meinem Apfelkorb.

Aber nach so vielen Jahren und mit all der Erfahrung, die ich sammeln konnte, überlege ich jetzt, ob ich damals tatsächlich etwas zu vergeben hatte. Als ich jünger war, meinte ich, eine deutliche Trennlinie zwischen meinen Fehlern und den Fehlern anderer ziehen zu können. Ich wusste genau, wofür ich mich entschuldigen musste und wann ich Entschuldigungen von anderen erwartete. Aber mit dem Älterwerden verschwamm diese Linie immer mehr. Wer vergibt wem? Ich möchte mir selbst vergeben. Wenn ich selbst nicht als Erster meinem nachtragenden, wuterfüllten Ich vergebe, wer sollte mir dann alle meine Verfehlungen verzeihen?

Im Rückblick erkenne ich, dass die Frau meines Professors einfach ehrlich war. Aber ich nahm ihre Aufrichtigkeit persönlich. Mir selbst zu vergeben hieß daher für mich, mir zu verzeihen, dass ich so engstirnig war, die ehrlichen Worte der Frau meines Professors als persönlichen Angriff zu interpretieren. Außerdem verzieh ich mir, ihr wegen dieses einen Vorfalls so lange böse gewesen zu sein. Erst danach war ich von dem Trauma meiner «hinterwäldlerischen Äpfel» befreit. Wäre ich eher zu diesem Verzeihen in der Lage gewesen, hätte ich mich viele Jahre lang deutlich freier gefühlt. Ich bedaure, Zeit vergeudet zu haben, in der ich mich an einer besseren Beziehung zu meinem Professor und seiner Frau hätte freuen können.

Anderen zu vergeben ist nur der halbe Weg. Vollständige Vergebung heißt, auch und vor allem sich selbst zu vergeben. Und vollständige Vergebung bedeutet Befreiung, Befreiung von Hassgefühlen, die niemanden außer mich selbst gefangen halten. Tolstoi schreibt in *Krieg und Frieden*: «Wenn es dir so vorkommt, als sei jemand schuldig vor dir, vergiss und verzeihe es. Wir haben kein Recht, zu bestrafen. Und du wirst das Glück des Verzeihens begreifen.»[3]

Entschließen Sie sich, dem Menschen, der Ihnen unrecht getan hat, zu vergeben. Im Moment sind Sie vielleicht noch nicht bereit dazu, aber geben Sie der Sache Zeit. Distanzieren

Sie sich, denken Sie nach und betrachten Sie das Geschehene aus einem anderen Blickwinkel. Erst wenn Sie wirklich frei von Groll und Hassgefühlen sind, können Sie in Frieden leben.

Im Alter wird uns bewusst, dass das Verzeihen eine Aufgabe ist, die wir nicht ewig vor uns herschieben dürfen.

3

Gute Gesellschaft finden

In der Nähe der südkoreanischen Stadt Chuncheon gibt es ein Haus namens «Das Unbequeme Landhaus». Und es ist tatsächlich sehr unkomfortabel – schon bei der Anreise muss man, da es in dieser Gegend keine anderen öffentlichen Verkehrsmittel gibt, einen Bus nehmen, der nur dreimal am Tag fährt. Das Haus schmiegt sich in ein tiefes Tal. Es hat kein fließendes Wasser, an warme Duschen ist also erst recht nicht zu denken, man muss sich stattdessen mit einer kalten Katzenwäsche am nahen Bach begnügen. Die Küche ist spartanisch eingerichtet, und Spülmittel sind verboten. Für die Notdurft gibt es ein schönes Plumpsklo, und wenn man fertig ist, streut man Asche und Holzspäne darüber, um den natürlichen Kompostierungsprozess zu fördern. Es gibt keine Geschäfte in der Nähe, und im Haus finden sich weder Fernseher noch Radio.

Der Schriftsteller und Umweltschützer Choi Sung Gak hat das Haus zusammen mit seiner Organisation *Nature Peace Lab* gebaut. Er will uns Stadtmenschen damit die Möglichkeit geben, uns unseren gedankenlos verschwenderischen modernen Lebensstil einmal genauer anzusehen. Im Austausch für die Unbequemlichkeiten erhalten die Gäste im Laufe ihres Aufenthalts allerdings wertvolle Geschenke: Vogelzwitschern, die Melodie des plätschernden Baches, die vielen kleinen geflügelten Insekten und die Käfer im Gras, Wildblumen wie den Einjährigen Feinstrahl oder die Taglilie, und eine beruhigende Atmosphäre, die das Stadtleben uns nicht bieten kann.

Ich habe Choi 1999 kennengelernt, als er eine Umweltschutzorganisation namens *The World of Flowering Plants* gründete. Als er nach Chuncheon gezogen war, erfuhr ich schon bald von dem «Unbequemen Landhaus», und zusammen mit meinem Sohn besuchte ich ihn dort. Es war ein gemütliches, herzerwärmendes Haus mit romantischem Touch, wie es einem Romanautor entspricht. Nach unserer Übernachtung dort dachte ich immer wieder an das Haus, und an einem Herbsttag einige Jahre später schickte ich Choi per E-Mail eine Reservierungsanfrage. Ich berichtete, dass wir ihn zu dritt – einer über achtzig, einer über siebzig und einer über sechzig – besuchen wollten, und bekam zur Antwort: «Drei alte Seelen, ist notiert.»

Daraufhin schrieb ich zurück: «Keine alten Seelen, bloß drei nachdenkliche Jungs – im Herzen jung geblieben.»

Die beiden anderen im Herzen Junggebliebenen waren Park Jong Rock, ein älterer Kommilitone, mit dem ich damals an der Cyber University of Korea Kulturwissenschaften studiert hatte, und Ban Eul Seok, den ich von einer meiner Buchvorstellungen kannte und der mich mehrmals zu leidenschaftlichen Diskussionen über das Leben eingeladen hatte. Nachdem er lange im Ausland gearbeitet hatte, war Ban jetzt im Ruhestand und führte mit seiner Frau in Korea ein ruhiges Leben.

Wir drei waren nach einer gemeinsamen Nepalreise im Jahr 2015 gute Freunde geworden. Wir lebten nach der Devise «Auch wenn wir morgen sterben, soll das Leben Spaß machen, so wie wir es wollen», und wir bemühten uns immer, uns gegenseitig für Unternehmungen zu motivieren. Unser Wunsch, uns die Neugier auf das Leben und die Freude daran zu erhalten, verband uns so innig, dass wir lachend begannen, uns gegenseitig «Jungs» zu nennen. Und um unser Gesicht zu wahren, fügten wir das Adjektiv «nachdenklich» hinzu, das ebenfalls für uns galt.

Wir planten einen dreitägigen Aufenthalt im Unbequemen Landhaus. Genauso wie die jungen Leute heutzutage bezahlte jeder für sich. Damit brachen wir mit der koreanischen Tradition, dass der älteste, finanziell am besten abgesicherte Teilnehmer sämtliche Kosten übernimmt. Wir waren das individuelle Bezahlen zwar nicht gewohnt, aber uns alten Männern macht es Spaß, ab und zu die jungen Leute nachzuahmen. Unsere erste Pause legten wir in einem Restaurant ein, in dem es gut gewürztes, im Wok gebratenes Hühnchen gab. Choi Sung Gak hatte es uns sehr empfohlen, und wir schlossen den Besitzer auf Anhieb ins Herz. Ohne dass wir darum baten, flitzte er hin und her und servierte weitere Beilagen, noch bevor wir aufgegessen hatten. Alle Restaurantbesucher merkten gleich, wie fürsorglich er seine Gäste betreute. Ein Aushang an der Wand verkündete, dass das Restaurant das Essen auch auslieferte. Da einer meiner Bekannten gerade ehrenamtlich in einem Pflegeheim in der Nähe arbeitete, ließ ich fünf Portionen Brathühnchen dorthin liefern. Damit wollte ich einerseits meinen Bekannten überraschen und mich andererseits bei dem Restaurantbesitzer für seine Gastfreundschaft bedanken.

Spätabends kamen wir im Unbequemen Landhaus an, und bis spät in die Nacht saßen wir noch mit Choi zusammen. Wie schön war diese Unterbrechung unseres gewohnten Stadtalltags! Wir konnten uns einfach entspannen. Wir zählten die Sterne und schwatzten wie kleine Jungen. Wie Choi einmal sagte: «Dieses Haus wurde aus Gedichten gebaut.» Jener Abend war an sich schon ein Gedicht.

Am nächsten Morgen brachen wir nach Goseong auf, hielten aber unterwegs noch am *National Mountain Museum* in Sokcho. Der Kurator machte eine Führung für uns, und das Museum erwies sich als faszinierender Ort. Mir fiel jedoch auf, dass Ausstellungsstücke zu Südkoreas langer Geschichte des Bergwanderns und Bergsteigens fehlten, anders als in Bergmuseen im Ausland, wo alte Berichte und Andenken an berühmte Bergsteiger ausgestellt werden. Ich fragte den Kurator, ob ich einige Dinge aus meinem Privatbesitz spenden dürfe. Es waren, nebenbei bemerkt, keine Wertgegenstände – bloß ein Foto von Sir Edmund Hillary und mir, mit einem Autogramm des Mount-Everest-Erstbesteigers, sowie der Stein, den der legendäre koreanische Bergsteiger Nam Sun Woo zum Andenken mitnahm, als er ganz allein den Gipfel des Mount Everest erklomm, und dazu noch ein getrocknetes Edelweiß aus dem Khumbu-Gebiet, ein Geschenk des nepalesischen Bergführers Ang Dorje Sherpa. Der Kurator nahm mein Angebot freundlich an, denn er merkte, wie sehr ich hoffte, dass mein kleiner Beitrag der Grundstock für eine wachsende Sammlung von Andenken im Museum werden würde.

Auf dem Rückweg von unserem dreitägigen Ausflug bekam ich eine Nachricht von meinem Bekannten, in der er sich für das Brathühnchen bedankte. Aber eigentlich hätte ich mich bei ihm bedanken sollen. Was für ein Segen war es, dass all diese Menschen mich in meinem Leben begleiteten und diese kleine Reise zu einem unvergesslichen Erlebnis machten! Choi hatte ein Haus gebaut, in dessen Umgebung ich Mutter Natur von ganzem Herzen feiern konnte, und dank der beiden anderen im Herzen Junggebliebenen war dieser Kurzurlaub für mich fröhlich und unvergesslich. Und der Restaurantbesitzer? Weil er so ausgezeichnet kochte und sein Service so großartig war, hatte ich die Möglichkeit, meinen Bekannten zu überraschen, wofür ich ebenfalls dankbar war. Nicht zu vergessen der Museumskurator – er lehnte meinen Vorschlag, die Erinnerungsstücke zu spenden, nicht ab, sondern fügte die Gegenstände großzügig der Sammlung des Museums zu. Ich hatte nichts weiter getan, als zwei Freunde zu diesem Ausflug anzuregen, aber ich wurde dafür mit einer Freude belohnt, die viel größer war, als ich mir hätte vorstellen können. Ich habe so viele Gründe, dankbar zu sein, meinen Sie nicht auch?

Warum erzähle ich Ihnen diese Geschichte, liebe Leserinnen und Leser? Ich möchte Ihnen zeigen, dass man als alternder Mensch gesellig und kontaktfreudig sein sollte, statt sich zu verkriechen – gleichgültig, ob man dafür reist, studiert oder ehrenamtlich arbeitet. Wenn der Alltag profaner wird, schrumpft auch der Aktionsradius, und die gesellschaftlichen Kontakte werden weniger. Und was macht das hohe Alter so herausfordernd? Ich würde sagen, es ist die soziale Isolation. Um diesen Fluch der Einsamkeit aufzuheben, müssen wir uns gute Gesellschaft suchen. Und wie macht man das? Am einfachsten ist es, gemeinsam etwas zu unternehmen. Möchten Sie reisen? Dann lassen Sie sich als Erstes ein schönes Ziel einfallen. Ist das verlockend, werden gleichgesinnte Reisegenossen Sie ganz von sich aus begleiten wollen. Und wenn Sie einmal intensiv nachdenken, fallen Ihnen bestimmt ein paar Menschen ein, die Sie für Ihre Reise begeistern können. Seien Sie nicht schüchtern, sondern nehmen Sie Kontakt zu ihnen auf. Fangen Sie klein an. Wenn Ihnen ein Essen gut geschmeckt hat, nehmen Sie Freunde in das Restaurant mit. Ganz gleich wie unbedeutend so etwas zu sein scheint, das gemeinsame Genießen ist hier wichtig. Und wer würde einen Vorschlag von einem Freund oder Bekannten abweisen, der so fürsorglich und freundlich ist?

Manche Leute beneiden mich, weil sie glauben, ich gehörte vielen sozialen Gruppen an und hätte enge Freundschaften. Ja, viele halten mich anscheinend irrtümlich für einen besonders geselligen Menschen, dem es leichtfällt, echte Beziehungen aufzubauen. Sie nehmen an, ich hätte mein Leben perfekt im Griff und wäre eine Art magnetische Persönlichkeit, die die Menschen um sie herum mühelos anzieht. Aber es ist nicht so, als würden ständig Leute bei mir anklopfen. Nein, in Wahrheit bin ich normalerweise derjenige, der auf die anderen zugeht. Mein Geheimnis dabei ist, es möglichst einfach und bescheiden zu halten. Wer zu viel nachdenkt und sich zu sehr bemüht, zögert häufig, überhaupt anzufangen. Teilen Sie einfach mit anderen, was in diesem Moment möglich ist, ob Sie nun gemeinsam gut essen oder ein paar alte Andenken betrachten, und laden Sie andere ein, an dem teilzuhaben, was Sie gerade fasziniert – ganz so, wie ich meine Freunde anregte, auf die Reise mitzukommen. So wird niemand unter Druck gesetzt, was von Vorteil ist. Wenn es nämlich keinen Druck gibt, besteht eine größere Chance, dass sich aus einer ersten Begegnung irgendwann eine tiefer gehende Verbindung entwickelt. Diese scheinbar unbedeutenden philosophischen Gedanken haben mir geholfen, selbst noch im hohen Alter immer wieder wunderbare Beziehungen aufzubauen und mich daran zu freuen.

Es gibt keinen perfekten Zeitpunkt, um mit anderen Menschen Kontakt aufzunehmen, und man findet auch nicht immer geeignete gemeinsame Aktionen. Aber andere an diesem einen Moment, am Jetzt, teilhaben zu lassen und etwas gemeinsam zu unternehmen ist die beste Art, Kontakte zu knüpfen. Darüber hinaus ist gemeinsames Erleben die beste Möglichkeit, Beziehungen lebendig zu erhalten. Bevor man sich also über Einsamkeit beklagt, sollte man sich etwas einfallen lassen. Ich verspreche Ihnen, dass es durchaus einige Menschen gibt, auf die Sie in einsamen Stunden zurückgreifen können, Sie müssen bloß einmal intensiv nachdenken. Grübeln Sie jedoch nicht zu viel. Laden Sie Ihre Bekannten ganz locker zu einem Essen ein. Eine so schlichte Geste kann häufig unsagbare Freude bereiten.

4

Einen sicheren Hafen suchen

Seit nunmehr achtunddreißig Jahren bin ich eng mit Rajbhandari befreundet. Als wir uns kennenlernten, war er Präsident der Nepalesischen Gesellschaft für Epilepsie, und er bat mich um Hilfe, weil in Nepal ein Mangel an Antiepileptika herrschte. Daher begann ich, Medikamente nach Nepal zu spenden. Rajbhandari war auch der Grund dafür, dass ich die Freiwilligengruppe mit Sitz am Ewha Womans University Hospital gründete und begann, Freiwilligenarbeit in Nepal zu organisieren.

Jetzt im Alter habe ich den Staffelstab weitergegeben; meine jüngeren Kollegen haben ihn übernommen und organisieren nun die alljährliche Reise nach Nepal. Während der ganzen Zeit bin ich jedoch mit Rajbhandari in Kontakt geblieben. Letztes Jahr schrieb er mir, um mir eine großartige Neuigkeit zu berichten. In all den Jahren, die ich ihn nun kenne, praktizierte er diszipliniert Meditation, und endlich hatte er die höchste Stufe des Meditationstrainings erreicht und dafür ein Zertifikat erhalten.

Als wir uns kennenlernten, empfahl er mir, ebenfalls zu meditieren. Mehrmals erklärte er mir, dass wir in einer sehr viel friedlicheren Welt leben könnten, wenn nur ein Prozent der Weltbevölkerung regelmäßig meditierte. Ich folgte seinem Beispiel und probierte verschiedene Meditationstechniken aus, um inneres Gleichgewicht zu finden – vom Sitzen bis hin zum Hüpfen im Lotossitz. Meine Wanderungen mit ihm, die gemeinsamen Gebete in Tempeln und die gemeinsamen Meditationen gehören zu meinen bereicherndsten Erfahrungen.

Mein Leben als Psychiater in Südkorea war immer hektisch. Oft wurde mir das Herz schwer, wenn meine Patienten und Patientinnen von ihrem Leid berichteten. Unsere moderne Wettbewerbsgesellschaft gestattet es uns nicht, uns Zeit fürs Erinnern oder Zurückblicken zu nehmen. Insbesondere meine Generation war ganz damit beschäftigt, ökonomisch nicht ins Hintertreffen zu geraten. Natürlich fühlte auch ich mich hin und wieder erschöpft und ausgelaugt, aber die Realität trieb mich immer wieder in den nächsten hektischen Tag. In Nepal jedoch entdeckte ich den Luxus der Unbeschwertheit. Von den Bergen des Himalaja umgeben freute ich mich an der Großzügigkeit der Nepalesen. Sie lehrten mich, zuweilen einen Schritt zurückzutreten und mich zu entspannen. In Nepal konnte ich wirklich abschalten. Wahrscheinlich wurde mir deshalb immer wieder gesagt, nach meinen Nepalreisen sähe ich anders aus. Und dem konnte ich nur zustimmen. Ohne Nepal, mein spirituelles Heimatland, wäre ich lange vor meinem Ruhestand ausgebrannt.

Eines Tages kamen Rajbhandari und ich auf dem Durbar Square in Kathmandu an der riesigen Bhairav-Statue vorbei. Man steckte der Statue Münzen zu und erwies Bhairav, einer Inkarnation des Gottes Shiva, mit zusammengelegten Händen die Ehre. Doch kaum dass die Gebete geendet hatten, rannten kleine Kinder zur Statue hinüber, um die Münzen aufzusammeln. Alle sahen das, gingen aber weiter, als wäre nichts geschehen. Ich war verblüfft, weil niemand auf dieses respektlose Benehmen reagierte, und fragte Rajbhandari, ob mir etwas entgangen sei. Er antwortete: «Die Betenden haben diese Münzen dem Gott geweiht. Das Geld gehört jetzt nicht mehr ihnen, sondern Bhairav.» Die geopferten Münzen gingen sie also nichts mehr an, und was mit ihnen geschah, war jetzt Sache des Gottes. Bei Rajbhandaris weisen Worten fiel mir blitzartig eine Szene aus der Vergangenheit ein.

Einmal besuchte ich in Korea an Buddhas Geburtstag den Gwanchoksa-Tempel in Nonsan. Vor der riesenhaften Statue des Buddha Maitreya stand eine lange Schlange von Gläubigen, die ihm Licht opfern wollten. Eine Dame mittleren Alters hatte eine besonders große Kerze mitgebracht und wollte der nächsten Person nicht Platz machen. Wenn so viele Menschen warten, ist es üblich, höflich zur Seite zu treten, sobald man seine Opfergabe abgelegt hat, doch diese Dame rührte sich nicht von der Stelle. Während ich die Szene weiter beobachtete, kam eine buddhistische Nonne und zündete an der großen Kerze der Dame ihre eigene an. Die Dame fuhr die Nonne an, sie dürfe ihre Kerze nicht berühren. Sie schien zu glauben, die Nonne habe ihr Glück gestohlen, indem sie kurz die Kerzenflamme genutzt hatte.

In unserer modernen Gesellschaft stellen wir häufig fest, dass selbst die Kultur der Verehrung und Anbetung von Konkurrenzdenken geprägt ist. Das ist bitter. Nepal aber wirkte in dieser Hinsicht ganz anders auf mich. Die Nepalesen hörten nie auf zu fragen, was wirklich ihnen gehörte, und sie beobachteten wachsam, welche Qualen und unnötigen Konflikte eine von Gier bestimmte Haltung zur Folge haben konnte. Dank dieser Einstellung der Nepalesen lernte ich während meiner Aufenthalte dort, meine lästige Gier zu zügeln. Infolge meines Meditationstrainings gelang es mir auch, meine egoistischen Impulse viel besser zu beherrschen, wenn ich nach Korea zurückkehrte.

Als ich vor sechs Jahren in Nepal war, fuhr ich nach zwanzig Jahren zum ersten Mal wieder nach Dolakha. Unsere Freiwilligengruppe hatte sich diese Gebirgsregion für unsere erste Reise ausgesucht, und damals war die Gegend abgeschieden und kaum bewohnt gewesen. Am Ende des Tages bestieg ich oft den Kalinchowk. Auf halbem Weg zum Gipfel stand eine Hütte, in der ein Yogi meditierte, und ganz oben befand sich ein Hindutempel. Wenn ich in dieser erhabenen, ungestörten Stille den Berg bestieg, fühlte ich mich immer wie in den Armen eines Gottes, und jeder Schritt war eine Art Meditation.

Doch in den zwanzig Jahren seit meinem letzten Besuch hatte Dolakha sich unglaublich entwickelt. Jetzt führte eine asphaltierte Straße, die breit genug war für ein kleines Fahrzeug, bis zum Fuß des Kalinchowk. Für die Reise, die früher Tage gedauert hatte, brauchte man jetzt nur noch einige Stunden. Daher änderte ich meinen Plan, im Dorf zu wohnen, und fuhr zum Berg. Wo einst die Hütte des Yogi gestanden hatte, fand ich nun eine Reihe von Gasthäusern und Cafés. Der Kalinchowk war zu einer florierenden Touristenattraktion geworden. Es war tatsächlich eine andere Welt.

Die Umgebung allerdings hatte sich nicht sehr verändert: Die Pflanzen und Blumen an der Straße, die Tierlaute von nah und fern, der blaue Himmel, der Wind und die Stille. Ich fand die Stelle wieder, an der ich vor zwanzig Jahren meditiert hatte, und baute dort ein kleines Zelt auf. Die Gesellschaft mochte sich verändert haben, aber der Himalaja in seiner Essenz war gleich geblieben. Ich machte Rast und stellte mich der Unruhe, der Angst, dem Zorn und der Leere, die in den vergangenen Jahren in mir gebrodelt hatten. Mein aufgewühlter Geist fand allmählich zu einer friedlichen Ruhe. Ein Lächeln breitete sich auf meinem Gesicht aus. Da meine Höhenkrankheit sich bemerkbar machte, konnte ich nicht lange bleiben, aber nirgendwo sonst auf der Welt fühlte ich mich so in meinem Element.

Der Alltag in unserer modernen Zeit ist hektisch. Und auf das, was ihn so hektisch macht, haben wir normalerweise keinen Einfluss. Wir gehen auf die Anforderungen unserer Firma ein, um unseren Lebensunterhalt zu verdienen, und übernehmen Verantwortung und Verpflichtungen für unsere Familien und andere von uns abhängige Menschen. Es ist also gar nicht so überraschend, wenn man sich irgendwann allein und ausgelaugt fühlt und sich die Frage stellt: Wo ist mein Leben und wo bin ich in all dem?

Der verstorbene britische Psychiater Anthony Storr schrieb einmal, das Leben sei eine Münze mit zwei widersprüchlichen Seiten. Eine Seite drängt uns, Beziehungen zu anderen Menschen aufzubauen, die andere regt uns an, in der Einsamkeit zu unserem wahren Selbst zurückzukehren. Diesen Zwiespalt finden wir nicht nur im gesellschaftlichen Kontext, sondern auch im Berufsleben und in Liebesbeziehungen. Wir wachsen an unseren Verpflichtungen und Aufgaben und lernen, mit Freuden Opfer zu bringen und anderen zu helfen, aber im tiefsten Innern ringen wir gleichzeitig mit einem fast unwiderstehlichen Verlangen, ganz für uns zu leben. Wenn wir diese beiden konkurrierenden Wünsche nicht in Balance halten können, wird das Leben zu einer trostlosen Landschaft. Wir alle brauchen dieses Gleichgewicht: unseren Pflichten nachkommen zu können und dabei uns selbst nicht zu verlieren.

Ich bin dankbar dafür, dass ich beide Welten habe. In Nepal kann ich mich gehen lassen und brauche nicht an meine weltlichen Angelegenheiten zu denken, und wenn ich dann nach Südkorea zurückkehre, kann ich mein übliches Leben wieder aufnehmen, ohne auszubrennen. Mit Tunnelblick zu leben führt unweigerlich zur Erschöpfung. Daher weise ich meine Studenten und Ärztekollegen immer darauf hin, wie wichtig es ist, einen Ort und Zeiten ganz für sich zu haben. Ich erinnere sie daran, dass sie sich trotz ihrer überwältigenden Verantwortung und ihrer Verpflichtungen selbst nicht vergessen dürfen. Man muss vielleicht nicht bis nach Nepal reisen, aber, liebe Leserinnen und Leser, man sollte sich diesen sicheren Hafen, dieses Refugium, lieber früher als später suchen. Wenn Sie irgendwann feststellen sollten, dass Sie unbedingt eine Atempause brauchen, oder wenn die Wellen der Einsamkeit und der Leere schon an Ihre Füße schwappen, ist es wahrscheinlich schwierig, so plötzlich und unvorbereitet einen solchen Rückzugsort zu finden.

Seit meiner ersten Nepalreise sind zweiundvierzig Jahre vergangen. Und wie sehr haben meine Aufenthalte dort mein Leben zum Besseren verändert! Da mir jetzt nicht mehr viel Zeit bleibt, weiß ich gar nicht, wie ich den Nepalesen jemals ihre Freundlichkeit und Güte zurückzahlen könnte. Ich kann nur weiter für Nepal und den Himalaja beten – für meinen Zufluchtsort, meinen sicheren Hafen.

5

Meine engste Gefährtin

Deinetwegen bin ich schon ganz entstellt. Mein Hals ist lang geworden, weil ich nach deinen Briefen Ausschau halte, und mein rechter Arm wird auch immer länger, weil ich so viele Briefe an dich schreibe.»

Das ist ein Zitat aus einem der Liebesbriefe, die ich vor vielen Jahren an meine zukünftige Frau schrieb. Eines Tages holte sie den Brief und forderte mich auf, ihn der Familie vorzulesen. Die Kinder kicherten über diese kitschigen, peinlichen Zeilen und konnten nicht glauben, dass ich tatsächlich der Verfasser war. Meine Frau und ich haben vor unseren Kindern nie herumgeturtelt, daher hätten sie nie vermutet, dass ich eine romantische Ader habe.

Aber der Brief gab genau meine Gefühle zu jener Zeit wieder. Als ich meine Frau kennenlernte, war ich vierzehn. Sie war mit meiner jüngeren Schwester befreundet, daher kam sie oft zu uns nach Hause. Während unserer Schuljahre waren wir wie Geschwister füreinander.

Doch als sie dann zum Studium nach Seoul zog, wurde alles anders. Eines Tages hörte ich, jemand habe ein Blind Date für sie arrangiert. Ich bekam heftiges Herzklopfen vor Angst und konnte mich gar nicht wieder beruhigen. Die Erkenntnis, dass ich sie nicht gehen lassen durfte, traf mich wie ein Schlag. Ich lief zur Post und kaufte hundert Grußkarten. Und dann schrieb ich ihr jeden Tag einen Brief, in dem ich um sie warb.

Der Brief, den meine Frau mir zum Vorlesen gab, gehörte auch dazu. Ich habe mich nicht getraut, unsere Korrespondenz aus jenen Jahren erneut zu lesen, aber ich muss ihr mein Herz ausgeschüttet und wer weiß was für Dinge geschrieben haben. Schließlich ließ sie sich von meinen Bemühungen erweichen und heiratete mich.

Auch wenn unser Briefwechsel sehr romantisch war, war der Start in unser gemeinsames Leben nicht leicht. Vor allem war ich bitterarm. Seit mein Vater gestorben war und unser Familienunternehmen Bankrott gemacht hatte, lebte ich mit Schulden. Und noch schlimmer war, dass ich eine Zeit lang im Gefängnis saß, weil ich als Student die Aprilrevolution mit angeführt hatte, eine demokratische Bewegung gegen den damaligen Diktator, Präsident Rhee. Nach meiner Freilassung war es schwierig für mich, Arbeit zu finden. Aufgrund meiner eingeschränkten finanziellen Mittel begannen wir unser Eheleben in einer Einzimmerwohnung, und unsere Flitterwochen verbrachten wir in einem Zelt auf einem Berg. Selbst heute fragt meine Frau mich manchmal noch scherzhaft, wie ich bloß den Mut aufgebracht hätte, sie um ihre Hand zu bitten. Ich verstehe es ja selbst nicht. Aber wenn ich gewusst hätte, welche Mühen und Entbehrungen ich ihr in den Jahren nach unserer Eheschließung zumuten würde, bevor ich eine sichere Arbeitsstelle hatte – neben ihrer Forschung zog sie vier Kinder groß und versorgte außerdem ihre Schwiegermutter –, bezweifle ich, dass ich die Kühnheit besessen hätte, ihr einen Heiratsantrag zu machen.

Im Laufe der Zeit arbeiteten wir uns zwar nach und nach aus den roten Zahlen heraus, aber meine Frau konnte dennoch nicht auf ein leichtes Leben hoffen. Rückblickend sehe ich, dass ich in finanziellen Angelegenheiten immer etwas naiv war. Meine Mutter sprach mit mir nie über Geld, wahrscheinlich wollte sie ihren einzigen Sohn vor solchen Dingen schützen. Vielleicht ist das auch der Grund, warum ich in alltäglichen Finanzdingen nicht besser bin als ein Kind. Ich habe keine Ahnung, wie viel ein Haus kostet, wie hoch unsere monatlichen Ausgaben sind oder welche Bank die höchsten Zinsen bietet. Meine Frau hatte in Geldangelegenheiten immer den Durchblick, und sie musste die großen und kleinen finanziellen Entscheidungen treffen, da ihr Mann nichts davon verstand. Meine Kinder beschwerten sich oft darüber, dass meine Frau so knauserig war, aber ihre Sparsamkeit war notwendig: Sie hatte einen armen Mann geheiratet, der nicht mit Geld umgehen konnte.

Trotzdem übernahm ich mich immer wieder und schlug alle Vorsicht in den Wind. Während meiner ehrenamtlichen Tätigkeit für Nepal und für das Waisenhaus Gwangmyeong spendete ich Medikamente und sogar ein ganzes Gebäude. Als Psychiater führte ich neue Behandlungsmethoden wie Psychodrama und Kunsttherapie ein, wofür erst einmal ein Budget nötig war. Wer sich für eine sinnvolle Sache engagiert, braucht immer Geld. Und wenn Bedürftige mich um Hilfe baten, bemühte ich mich, möglichst viel von meinen eigenen Mitteln beizusteuern – mochten es Zeit, Wissen, Räume oder Geld sein. Mit der Folge, dass meine Frau immer das Opfer meiner finanziellen Launen war. Während ich ein Idealist mit Tunnelblick bin, folgt sie der Stimme der Vernunft und wägt sorgfältig zwischen ihren Idealen und der Realität ab. Wenn sie nicht wäre, hätte ich schon lange Insolvenz angemeldet. Manche Leute loben mich für mein humanitäres Engagement, aber wer mich wirklich kennt, macht meiner Frau Komplimente für ihre Engelsgeduld.

Und ich muss gestehen, manchmal wundere ich mich. Warum blieb meine Frau fast sechzig Jahre bei mir, bei einem Mann mit so vielen Schwächen? Ich vermute, es liegt daran, dass wir als Wissenschaftler ähnliche Visionen haben. Sie als Soziologin und ich als Psychologe haben die gleichen Werte. Wir sind beide überzeugt, dass eine gesunde Beziehung zwischen den Einzelnen und der Gesellschaft einen hohen Stellenwert hat. Gesellschaft und Individuum – das ist wie die Frage nach der Henne und dem Ei. Glückliche Individuen bilden eine gesunde Gesellschaft, und eine gesunde Gesellschaft hält ihre Mitglieder glücklich. Da meine Frau das alles nur zu gut weiß, stand sie mir nie im Weg, sondern unterstützte selbst meine teuersten Projekte. Um ehrlich zu sein, ging sie sogar so weit, die meisten meiner Projekte mit zu planen und daran mitzuarbeiten. Wäre sie nicht gewesen, dann hätte ich zahlreiche Aufgaben und Projekte, von Ehrenämtern über Studien bis hin zu Lehrveranstaltungen, nicht übernehmen können. Uns verbindet das gemeinsame Ziel, die Welt zu einem besseren Ort zu machen, statt uns nur auf uns selbst und unsere eigenen Interessen zu konzentrieren. Und dieses Band ist stärker, als wir uns je hätten träumen lassen.

Ich bewundere meine Frau. Vor allem achte ich sie als Wissenschaftlerin, als die Soziologin Lee Dong Won. Sie sieht jede Situation aus der Vogelperspektive und verhilft mir immer zu einem breiteren Blickwinkel. Sie bewahrt mich davor, in die Gedankenwelt eines Individuums einzutauchen, was mein erster Impuls als Psychiater ist. Als starke, selbstbewusste Frau hat sie seit jeher unsere Familie geführt, sodass in unserer Ehe glücklicherweise relative Gleichberechtigung herrschte. Meine Frau ist der Grund, warum am Tor zu unserem Haus stolz unsere beiden Namen stehen. Sie ist auch der Grund, warum ich am Ewha Womans University Hospital eine Lehrveranstaltung zur Frauenforschung abhielt, was ein Novum war. Und ihretwegen wurden wir beide mit dem *Family Values Award* ausgezeichnet.

Außerdem bewundere ich jene Lee Dong Won, die Mutter von vier Kindern und meine Ehefrau ist. Unter den schwierigen finanziellen Umständen in jungen Jahren musste sie ihre wissenschaftliche Arbeit und das Großziehen von vier Kindern miteinander vereinbaren. Sie hat mir gesagt, diese schwierigen Zeiten hätten sie gelehrt, Prioritäten zu setzen, ein inneres

Gleichgewicht zu finden sowie zu wissen, wann sie aufgeben und manchmal auch, wann sie durchhalten muss, bis bessere Zeiten kommen. Wenn ich auf unsere Geschichte zurückblicke, spüre ich, wie aus tiefstem Herzen Respekt und Zuneigung aufsteigen, weil es meiner Frau gelang, aus einem anstrengenden Leben solch funkelnde Weisheiten zu schöpfen.

Wenn ich gebeten werde, eine Trauung vorzunehmen, gebe ich dem Paar die folgenden drei Orientierungshilfen. Erstens: Haben Sie möglichst viel Freude. Zweitens: Seien Sie kreativ. Drittens: Helfen Sie einander, sich weiterzuentwickeln. Glücklicherweise haben meine Frau und ich während unserer Ehe alle drei Punkte beherzigt. Wir fanden kreative Lösungen im Umgang mit unserer Armut, hatten Freude am Aufwachsen unserer Kinder und am gemeinsamen Forschen und Arbeiten und halfen uns gegenseitig, uns auf unseren jeweiligen wissenschaftlichen Gebieten weiterzuentwickeln. Unser Eheleben hätte nicht besser sein können.

Meine Frau ist so alt wie ich. Ihre Augen werden schlechter, genauso wie ihr Gehör, und sie ist schweigsam geworden. Manchmal bezweifle ich sogar, dass wir immer verstehen, was der andere sagt, aber das macht nichts. Wenn meine Frau mich zu einer Veranstaltung begleitet, zu einem Vortrag oder zu einem Essen, bin ich häufig überrascht, denn sie spricht oft genau das aus, was ich gerade denke. Dann spüre ich ganz tief in mir wieder einmal all die Jahre, die wir zusammen verbracht haben. Ein Herz und eine Seele – über wen könnte ich das sonst noch sagen?

Liebe Leserinnen und Leser, behalten Sie die drei Ratschläge im Sinn, die ich jungen Paaren bei der Trauung mitgebe. In einer Liebesbeziehung geht es darum, Freude zu teilen und voneinander zu lernen. Mit unseren gemeinsamen Zielen und dem gemeinsamen Wachstum schafften meine Frau und ich es, auch die schwierigsten Phasen in unserer Ehe zu bewältigen.

Was für ein Geschenk, meine Frau an meiner Seite zu haben, meine Lebensgefährtin und Kollegin in der Wissenschaft. Sie hat mich zu dem Mann gemacht, der ich bin, und ich habe sie zu der Frau gemacht, die sie ist. Wenn ich jetzt, mehr als sechzig Jahre nach unserer ersten Begegnung, auf unser gemeinsames Leben zurückblicke, fühle ich mich in der Zeit zurückversetzt: Ich bin wieder der junge Mann, der glühende Liebesbriefe schreibt. Es drängt mich, diese alten Karten, die meine Frau all die Jahre aufbewahrt hat, noch einmal durchzusehen. Bis zu meinem letzten Lebenstag wird immer sie es sein, der ich die Welt zu Füßen legen möchte.

6

Brückenschlag zwischen Alt und Jung

Als meine Enkelkinder noch klein waren, wollten sie manchmal nicht in den Kindergarten. Weil ihre Eltern – meine Kinder – zur Arbeit mussten, machten sie viel Wirbel, um die Kleinen zum Einsteigen ins Auto zu bewegen. An solchen Tagen schienen die Gesichter meiner Enkel auszudrücken, dass sie sich dieses eine Mal noch fügen würden, wenn auch widerwillig und nur aus Liebe zu ihren Eltern. Doch anscheinend entgingen meinen viel beschäftigten, müden Kindern diese stillen Signale meiner Enkel. Wahrscheinlich hatten sie nicht die Erfahrung oder konnten sich zeitlich nicht den Luxus leisten, sich hinzusetzen und in Ruhe zu besprechen, was in ihren kleinen Kindern vorging.

Bei mir und meiner Frau war das damals nicht anders. Als Eltern waren wir immer Laien, selbst noch mit vier Kindern, denn jedes verlangte andere Fähigkeiten von uns. Problematischer jedoch war, dass meine Frau und ich beide berufstätig waren und wenig Zeit für die Kinder hatten. Die Jahre vergingen wie im Flug, und ich weiß immer noch nicht richtig, wo sie geblieben sind. Als alle Kinder erwachsen waren und wir etwas mehr Zeit zur Verfügung hatten, konnten wir endlich zurückblicken, und da wurde uns bewusst, welche Anfängerfehler wir im Laufe der Zeit gemacht hatten. Doch zu dem Zeitpunkt konnte unser Bedauern darüber nichts mehr ändern, denn unsere Haare wurden schon grau.

Als Großvater aber konnte ich dann zum Glück auf diese Erfahrung zurückgreifen und erkennen, wann es meinen

Enkeln nicht gut ging. Wann immer meine Frau und ich das Gefühl hatten, dass ihre Weigerung, in den Kindergarten zu gehen, mehr als eine bloße Trotzreaktion war, griffen wir ein. Wenn wir unsere Enkel dann fragten, warum sie sich weigerten, hatten sie immer gute Gründe. An solchen Tagen machten wir dann einen kleinen Ausflug mit ihnen, nahmen sie an die Hand, gingen mit ihnen spazieren und hörten ihnen zu. Nach diesen Unternehmungen wirkten sie viel entspannter.

Vor einer Weile hat mein ältester Enkelsohn geheiratet. Ja, der Junge, der mir als Erster den schönen Ehrentitel Großvater einbrachte! Es ist, als wäre es erst gestern gewesen, dass ich ihn zum ersten Mal in den Armen hielt und meine Brust sich vor Liebe zu ihm weitete. Doch dieses kleine Baby von damals wurde so rasch erwachsen und gründete nun seine eigene Familie! Als er uns besuchte, um uns seine zukünftige Frau vorzustellen, war ich so glücklich, dass ich das Gefühl hatte zu fliegen. Sehen Sie, als meine Kinder heirateten und sich häuslich niederließen, machte ich mir große Sorgen – ich konnte mich gar nicht genügend entspannen, um mich zu freuen. Aber bei meinen Enkeln erlebe ich diese Ereignisse glücklich und voller Staunen.

Für die Freude, die meine Enkelkinder in mein Leben brachten, habe ich tatsächlich keine Worte. Vor allem liegt es wohl daran, dass ich endlich die Freuden der Elternschaft kennenlernte, indem ich helfen konnte, sie großzuziehen. Meine Frau und meine Kinder tun mir immer noch leid, weil ich damals, als unsere Kinder groß wurden, nicht besonders gut für sie gesorgt habe und auch nur selten anwesend war, denn ich arbeitete als Militärarzt weit weg von zu Hause oder saß wegen meiner Beteiligung an der Aprilrevolution im Gefängnis. Währenddessen musste meine Frau die ganze Last allein tragen. Selbst als ich dann eine feste Anstellung im Krankenhaus bekam und allmählich ein anständiges Einkommen mit nach Hause brachte, reichte das hinten und vorne nicht, um unsere siebenköpfige Familie zu versorgen – meine Frau und mich, unsere vier Kinder und meine Mutter. Ich ging bei Tagesanbruch zur Arbeit, kam in der Abenddämmerung zurück und hatte keine Zeit, an irgendetwas anderes als an die Arbeit zu denken. Die Zeit verging im Nu, und plötzlich waren meine Kinder alle erwachsen.

Aber dann begegnete ich meinen Enkelkindern – diesen unglaublichen Wundern des Lebens, die sich in meine Arme schmiegten! Sie lernten sitzen, stehen, laufen und dann sogar rennen – und das alles war für mich absolut überraschend, als hätte ich es noch nie vorher erlebt. Als sie dann anfingen zu sprechen und ein fast unverständliches «Opa» murmelten, kämpfte ich mit den Tränen. Auch wenn sie frech waren oder Probleme machten, sie waren und blieben meine Augäpfel.

Als ich selbst klein war, liebte meine Großmutter mütterlicherseits mich sehr. Sie gewöhnte sich an, mir über den Kopf zu streicheln, mich in die Arme zu nehmen und dann zärtlich zu rufen: «Mein süßes Baby!» Wahrscheinlich hat sich das tief in mein Gedächtnis eingeprägt, denn wenn ich eins meiner Enkelkinder sah, rief ich auch immer: «Mein süßes Baby!» Und ich «dressierte» sie sogar! Als sie klein waren, besuchten meine Enkelkinder mich jedes Wochenende, und ich brachte ihnen bei, mich mit «Ich bin Opas süßes Baby» zu begrüßen, statt einfach Hallo zu sagen. Sobald sie das Haus betraten, rief ich: «Du bist ...», und das Enkelkind rief zurück: «... Opas süßes Baby!» Und dann lachte die ganze Familie.

Ach, aber diese Freude währte nicht lange! Als meine Enkel in die Grundschule kamen, wurden sie schüchtern und antworteten nicht mehr auf meinen Ruf. Sie lächelten einfach und umarmten mich kurz. Meine jüngste Enkelin fragte mich sogar einmal: «Großpapa, bin ich nicht Papas Baby? Warum bin ich dein Baby?» Und so endete unser ganz spezielles Begrüßungsritual. Doch seit meine Enkel alle erwachsen sind, flüstere ich ihnen manchmal ins Ohr: «Du bist ...», und sie flüstern zurück: «Opas süßes Baby.» Was ist das für eine wunderbare Verbindung!

Aber die Sache ist folgende: Sosehr ich meine Enkel auch liebe, die Welt, in der sie leben, ist völlig anders als die, in der ich oder auch meine Kinder aufgewachsen sind. Ich habe als Kind bei meinen Großeltern auf dem Schoß gesessen und ihren Geschichten gelauscht, meine Enkelkinder aber sind mit dem Internet und der damit verbundenen Welt aufgewachsen und haben sich angehört, was sie dort finden konnten. Natürlich muss es zwischen uns einen Generationsunterschied geben. Betont man diesen Unterschied, kann er jedoch schnell zu einer Kluft werden. Wie aber kann man einen Menschen lieben, den man gar nicht versteht? Im Kern jeder Liebe liegen ja der Wunsch und die Entschlossenheit, das geliebte Wesen zu verstehen. Und so wollte ich auch mir und meinen Enkelkindern die Möglichkeit geben, uns gegenseitig zu verstehen. Ach, wie sehr habe ich mich bemüht, mich ihnen anzunähern!

Ich fing an, den Enkeln Geschichten aus meiner Kindheit zu mailen: von damals, als ich glaubte, ich wäre Japaner, weil das japanische Kaiserreich die Strategie verfolgte, die koreanische Nation auszulöschen; vom Koreakrieg und unserer Verzweiflung darüber, dass wir keine Zukunft hatten, und von meinen eigenen Kinderjahren, als ich in einen Persimonenbaum kletterte und darüber nachsann, wer ich war. Diese kleinen Erzählungen verblüfften und begeisterten meine Enkelkinder, denn sie erschienen ihnen wie zum Leben erwachte Ereignisse aus einem Geschichtsbuch. Und durch unsere Korrespondenz lernte auch ich viel von ihnen. Sie kommentierten meine E-Mails, benutzten Begriffe wie *naengmu* (Mangel an Inhalt), *helljoseon* (höllisches Korea), *wolabel* (Work-Life-Balance) oder *sohwakhaeng* (kleines, aber sicheres Glück) und klärten mich über die dahinterstehenden sozialen Phänomene auf.

In unserem Zeitalter der Kleinfamilien wohnen Kinder nur noch selten mit ihren Großeltern zusammen, daher haben sie heutzutage eine recht beschränkte Vorstellung von Familie. Da die Geburtenraten sinken, haben die meisten Kinder nur ein oder höchstens zwei Geschwister – Familien bestehen in ihren Augen also aus Gruppen von maximal fünf Menschen.

Wenn Kinder in Kleinfamilien aufwachsen, kann das dazu führen, dass sie individualistischer und selbstbezogener werden, weil ihre Welt so viel kleiner ist als unsere damals. Und die Eltern tun möglicherweise alles für ihr einziges Kind oder ihre wenigen Kinder. In asiatischen Ländern ist daher der Begriff «Kleiner-Kaiser-Syndrom» entstanden, der einen Nebeneffekt dieses gesellschaftlichen Phänomens beschreibt: Kinder verhalten sich wie kleine Kaiser, die über ihre Eltern und Großeltern herrschen und sie unter der Fuchtel haben.

Auf einer Taxifahrt beklagte der Fahrer sich bei mir über seinen Enkel. Einmal hatte er das Kind gescholten, weil es sich schlecht benommen hatte. Daraufhin war das Kind in die Arme seiner Großmutter geflohen und hatte sie gefragt: «Oma, es gibt doch sieben Milliarden Menschen auf der Welt! Warum hast du ausgerechnet so einen schlechten Mann geheiratet?» Ich traute meinen Ohren nicht! Ich meine, es war altklug von dem Jungen, die Weltbevölkerung ins Spiel zu bringen, aber diese abfällige Art, mit der er seinem Großvater alle Schuld zuschob, statt darüber nachzudenken, ob er selbst vielleicht etwas falsch gemacht hatte ... was für ein Kind! Was ist, wenn es niemandem gelingt, dem Jungen Disziplin beizubringen? Wird er, wenn er bei der Arbeit negatives Feedback von seinem Vorgesetzten erhält, immer noch murmeln: «Warum von sieben Milliarden Menschen auf der Welt ist ausgerechnet dieser schlechte Kerl mein Chef?» Wie wird er zukünftig mit schwierigen Zeiten umgehen können oder mit Umständen, die ihm nicht gefallen? Er wird es sicherlich schwer haben, sich irgendwo einzufügen.

Wissenschaftler und Fachleute sagen voraus, dass in Zukunft viele der traditionellen Berufe, die wir heute kennen, verschwinden werden. Aber sie sind sich auch einig, dass es eine spezielle menschliche Fähigkeit gibt, die wahrscheinlich nicht durch künstliche Intelligenz ersetzt werden kann: Empathie bzw. emotionale Intelligenz. In unserer individualistischen Gesellschaft mit der wachsenden Anzahl von Einpersonenhaushalten werden zunehmend Menschen mit hoher emotionaler Intelligenz gefragt sein. Wie aber verbessern Menschen ihre Fähigkeit zur Empathie? Durch Kontakte und tiefe Bindungen.

In unserer modernen Zeit besteht die wichtige Rolle der Großeltern darin, ihre Enkelkinder diese empathischen Fähigkeiten zu lehren. In meiner eigenen Kindheit gab es in Korea überwiegend kleine Dorfgemeinschaften, in denen alle Nachbarn wie eine große Familie waren. Dieser Gemeinsinn trug dazu bei, uns Respekt vor den Gefühlen anderer beizubringen und bestimmte Verhaltensregeln zu beachten. Heutzutage leben die Kinder nicht mehr in derart eng verwobenen Gemeinschaften, sodass ihnen diese Vorteile versagt bleiben. Die Großeltern können ihnen daher helfen, ihre soziale Erfahrungswelt zu erweitern. Natürlich kann man ihnen auch einfach ab und zu mal Taschengeld zustecken, doch warum sollte man sich mit dieser passiven Rolle zufriedengeben? Lassen Sie sich auf Ihre Enkelkinder ein, erzählen Sie ihnen Geschichten aus Ihrer eigenen Kindheit, damit sie die Vergangenheit verstehen, und agieren Sie als Verbindungsglied zur entfernteren Familie, zu den Vettern und Cousinen und weiteren jungen Verwandten.

Dazu müssen Sie allerdings kreativ werden. Wie gut Ihre Absichten auch sein mögen, wenn Sie Ihre Enkelkinder nicht miteinbeziehen können, werden Ihre gut gemeinten Worte als unerwünschte Predigten missverstanden werden. Schließen Sie als Erstes Freundschaft mit Ihren Enkeln. Damit das gelingt, müssen Sie mit aller Kraft versuchen, ihre Welt zu verstehen.

Sie müssen herausbekommen, worauf die Kinder ansprechen, was sie beschäftigt. Bemühen Sie sich, die Sichtweise Ihrer Enkelkinder zu begreifen – dieses Bemühen ist der Beginn einer jeden großen Liebe.

7

Die Eltern so akzeptieren, wie sie sind

Das Leben serviert uns seine Weisheiten nur selten auf dem Silbertablett. Deshalb hören wir häufig das bedauernde «Hätte ich das bloß damals schon gewusst!» Junge Leute sind voller Leidenschaft und Mut, doch ihnen fehlen die auf Erfahrung gründenden Einsichten, und ältere Menschen besitzen zwar viel Erfahrung und Lebensklugheit, haben aber nicht mehr so viele Möglichkeiten, sie zu nutzen. Dieses Paradox gilt auch in den Beziehungen zwischen Kindern und Eltern. Wenn ich damals gewusst hätte, was ich jetzt weiß, dann hätte ich mich mehr bemüht, meine Mutter zu verstehen. Ich wäre ein weiserer Mensch gewesen – aber ich kann die Zeit nicht zurückdrehen. Mir tut immer noch das Herz weh, wenn ich daran denke, wie sehr ich meine Mutter manchmal verletzt haben muss. Wie gut kennen wir unsere Eltern wirklich? Wie gut verstehen wir sie?

Soweit ich mich erinnere, war meine Mutter der stärkste Mensch, den ich je kannte. Sie hatte einen heldenhaften Mut und gab niemals nach, wenn sie von etwas überzeugt war. Während des Koreakrieges in den 1950er-Jahren wurden verwundete Soldaten in meine Grundschule verlegt, und die Kapazitäten dort waren bald erschöpft. Wir Schüler verließen das Schulgebäude, damit die Soldaten dort behandelt werden konnten. Wir lernten in einem provisorischen Klassenzimmer, das man in der Nähe einer Ziegelei eingerichtet hatte. Es war eine Zeit großer Herausforderungen, und für die meisten Menschen war es schon schwer genug, ihre eigene Familie zu versorgen.

Meine Mutter jedoch kümmerte sich als Freiwillige um die verwundeten Soldaten in meiner Schule und um Kriegswaisen in Waisenhäusern. Danach war sie ihr Leben lang selbstlos ehrenamtlich tätig.

Während meine Mutter wegen ihrer menschenfreundlichen Haltung weithin geliebt und geachtet wurde, fand ich sie immer schwierig und sogar Furcht einflößend. Sie hatte eine genaue Vorstellung von Richtig und Falsch, und wenn sie sich einmal etwas in den Kopf gesetzt hatte, verfolgte sie unerbittlich ihr Ziel. Daher wusste ich, dass ich keine Chance hatte, sie umzustimmen. Ich wuchs unter ihren unumstößlichen Regeln in Sachen Sicherheit auf. Alles, was auch nur die geringste Verletzungsgefahr barg, war verboten. Ich durfte nicht einmal schwimmen gehen oder Fußball spielen. Wenn ich mich danebenbenommen hatte, rief meine Mutter mich zu sich, ich musste mich hinsetzen, und dann tadelte sie mich mit leiser Stimme. Sie wurde niemals emotional, sondern analysierte mein Fehlverhalten mit unwiderlegbarer Logik. Wenn sie mich so zurechtwies, wünschte ich mir, sie würde mich stattdessen einfach schlagen. Es tat mir sehr weh, meine Mutter auf diese Weise schelten zu hören.

Damals hatte ich das Gefühl, dass ich dem Schatten meiner Mutter niemals würde entrinnen können. Manchmal wollte ich weglaufen. Als ich an der Universität angenommen wurde, sagte ich ihr geradeheraus: «Mutter, deine Liebe ist so groß und so schwer, dass ich sie nicht ertragen kann, daher sage mir bitte, welchen Preis sie hat. Ich werde mein ganzes Leben lang meine Schulden zurückzahlen.»

Ich wünschte mir verzweifelt, sie würde mir den genauen Wert ihrer bedrückenden Liebe in koreanischer Währung nennen. Mit meinem kindlichen Verstand glaubte ich, diese Summe, ganz gleich wie groß, wäre berechenbar und jedenfalls nicht so belastend wie das Gewicht ihrer immateriellen Liebe.

Meine Mutter schwieg eine Weile, und schließlich sagte sie: «Du wirst es verstehen, wenn du selbst Kinder hast. Das ist meine Antwort.»

Viele Jahre später, als ich verheiratet und selbst Vater war, wurde mir endlich klar, was ich meiner Mutter an jenem Tag angetan hatte. Die Eltern zu bitten, den Preis für ihre Liebe zu nennen – was für ein Unsinn. Wie traurig muss es meine Mutter gemacht haben, dass ihr Sohn diese Forderung an sie stellte. Die Frustration und die Schuldgefühle, die ich wegen dieses Vorfalls meiner Mutter gegenüber verspürte, sind mein Leben lang ein wichtiger *hua tou*, ein Gegenstand meiner Meditation geblieben.

Meine Mutter war Buddhistin und hatte, als ich noch Arzt in Ausbildung war, die Gewohnheit angenommen, ab und zu einen Tempel zu besuchen. Als ich dann selbst Kinder hatte, ging sie in einem gefärbten buddhistischen Gewand in den Tempel und blieb für mehrere Tage dort. Ich bekam Anrufe von Freunden und Verwandten, die sich nach meiner Mutter erkundigten.

«Ist deine Mutter Nonne geworden? Ich habe sie im Tempel gesehen ...»

Das war mir jedes Mal peinlich, denn ich glaubte, den Vorwurf herauszuhören, dass ich mich nicht gut um meine Mutter kümmerte und sie in einen buddhistischen Tempel abschob. Meine Reaktion speiste sich sicherlich aus dem Gefühl, ein schlechter Sohn zu sein, und natürlich aus meinen Gewissensbissen wegen der oben geschilderten Begebenheit. Ich wünschte mir, meine Mutter würde zu Hause bleiben und sich mehr um meine Kinder kümmern, statt in den Tempel zu gehen. Manchmal gab sie meinem Wunsch nach und blieb längere Zeit bei uns. Aber immer wenn sie das tat, musste sie danach das Bett hüten. Es war genauso wie damals in ihrer Ehe: Wenn mein Vater ihr gegenüber seinen Willen durchsetzte, litt sie unter furchtbaren Magenschmerzen. Wie alt sie auch wurde, sie blieb sich treu. Sie musste ihr Leben nach ihren eigenen Vorstellungen leben – das lag in ihrer Natur.

Ich gab mich geschlagen und akzeptierte meine Mutter so, wie sie war. Ich sagte ihr, sie solle so leben, wie sie es für richtig halte, und ließ sie frei – genauso, wie sie Verständnis und Geduld gezeigt hatte, als ich in meiner Jugend protestiert hatte. Daraufhin war meine Mutter bald wieder auf den Beinen und so gesund wie früher. Sie zog von Neuem in ihrem gefärbten Gewand los, mit nichts als einem Rucksack über der Schulter. Ich merke, wie unsagbar stolz ich auf meine Mutter bin.

Mit vierundachtzig Jahren starb sie. Das Beste, was ich in meinem ganzen Leben als Sohn für sie tat, war, diese schlichten Worte zu ihr zu sagen, die sie freigaben.

Ich habe sehr lange gebraucht, bis ich meine Mutter endlich so akzeptieren konnte, wie sie war. Wäre mir das früher geglückt, nur ein klein wenig eher, dann hätte ich sie nicht nur als meine Mutter, sondern als *Menschen* gesehen, und wir hätten uns gegenseitig nicht so schlimme Verletzungen zugefügt. Ich bereue das Geschehene zwar sehr, aber ich weiß, dass ich die Zeit nicht zurückdrehen kann. Von meiner Kindheit im Schatten meiner starken Mutter bis hin zu meiner eigenen Vaterschaft, die mir schließlich die Chance gab, elterliche Liebe besser zu begreifen – letztlich musste ich das alles durchmachen, bis ich meine Mutter endlich wirklich verstehen konnte.

Wenn man älter wird, kommt irgendwann der Zeitpunkt, an dem man die Eltern so akzeptieren muss, wie sie sind. Denken Sie daran, dass wir – Eltern wie Kinder – diese Beziehung als Neulinge beginnen, und alle Anfänger machen unweigerlich Fehler. Das heißt, auf irgendeine Weise werden wir uns immer gegenseitig Schmerz zufügen. Wenn die Verletzung irgendwie wiedergutzumachen ist, wenn sie nicht absolut unverzeihlich ist, dann sollten wir bereit sein, Verständnis füreinander aufzubringen, und uns gegenseitig vergeben. Wir sollten die Worte und Handlungen unserer Eltern im Kontext betrachten, sollten unsere Erwartungen an sie herunterschrauben und sie als das sehen, was sie sind: Menschen. Erst dann können wir dem langen Schatten entkommen, den die Eltern werfen. Erst dann können wir zu wirklich eigenständigen Erwachsenen werden.

Eltern und ihre Kinder haben vom ersten Augenblick an die engste Beziehung, die zwischen Menschen möglich ist. Sie beeinflussen sich über viele Jahre hinweg, und doch lernen sie sich paradoxerweise vielleicht nie besonders gut kennen. Aber wenn wir Glück haben, wird uns genügend Zeit geschenkt, um uns später im Leben gegenseitig kennenzulernen. Tatsächlich kann es ein ganzes Leben dauern, bis man seine Eltern wirklich versteht. Liebe Leserinnen und Leser, bemühen Sie sich, auf das Leben Ihrer Eltern zurückzublicken, bevor es zu spät ist. Möglicherweise werden Sie feststellen, dass Ihre Eltern Sie unwissentlich verletzt haben. Jetzt bekommen Sie noch einmal die Chance, Heilung zu finden und sich endlich mit Ihren Eltern zu versöhnen.

VIERTER TEIL

Die Vorteile des Alters

1

Zeit ist der Reichtum des Alters

Das Zeitalter der Hundertjährigen kommt! Die geburtenstarken Jahrgänge – in Südkorea zwischen 1968 und 1974 – werden im Durchschnitt ein Alter von etwa hundert Jahren erreichen. Im Jahr 1970 betrug die durchschnittliche Lebenserwartung in Korea noch zweiundsechzig Jahre. Wir hätten uns niemals träumen lassen, dass die Welt sich so verändert.

Zum ersten Mal ist mir die Vorstellung einer Lebensdauer von einhundert Jahren im Jahr 1982 begegnet, als ich die nepalesische Einteilung des Lebens in vier Phasen von jeweils fünfundzwanzig Jahren kennenlernte. Damals war der Gedanke, dass Menschen hundert Jahre alt werden können, nicht gerade weitverbreitet, daher war die nepalesische Sichtweise erfrischend, um es vorsichtig auszudrücken. Gleichzeitig fühlte ich mich an Erik Eriksons acht Phasen der psychosozialen Entwicklung erinnert, von denen ich bereits gesprochen habe. Wie man sieht, kommen Wissenschaft und spirituelle Lehren oft zu überraschend ähnlichen Ergebnissen.

Trotzdem hielten die meisten von uns den Begriff Hundertjährige einfach für eine neue Terminologie, die eine höhere Lebenserwartung bezeichnete, und nichts weiter. Inzwischen ist das Zeitalter der Hundertjährigen jedoch bei uns Realität geworden: 2009 machten die Vereinten Nationen es in ihrem Bericht über das Altern öffentlich. Einige Jahre später, nämlich 2015, veröffentlichten sie außerdem neue Richtlinien für Altersunterscheidungen. Demnach reicht die Kindheit von der Geburt bis zum siebzehnten Lebensjahr, das Erwachsenenalter von siebzehn bis fünfundsechzig, das reife Lebensalter von fünfundsechzig bis neunundsiebzig und das hohe Alter von neunundsiebzig bis neunundneunzig. Wer älter als hundert Jahre ist, gilt als extrem hochbetagt. Diese Richtlinien geben unsere Realität viel besser wieder als die alte Vorstellung, dass mit vierzig das reife und mit sechzig das hohe Alter beginnt. Ich halte sie aufgrund meiner Erfahrung für richtig. Mit sechzehn, als mein Vater gestorben war, wurde ich zum Familienoberhaupt, und ich arbeitete, bis ich mit fünfundsechzig Jahren als lehrender Arzt in den Ruhestand ging. Mein Erwachsenenalter reichte also genau über diese Zeitspanne. Und mein reifes Alter – von fünfundsechzig bis neunundsiebzig? Das war die Phase, in der ich wirklich unabhängig wurde und meine Zeit und meine Ressourcen für die Arbeiten einsetzen konnte, die ich sinnvoll fand. In meinem Fall ist diese Einteilung also passend.

Schon lange bevor ich in den Ruhestand trat, machte ich mir Gedanken über diese Phase. Dazu inspirierte mich Kim Hong Ho, ebenfalls Professor am Ewha Womans University Hospital. An dem Tag, als er selbst in den Ruhestand ging, erklärte er: «Heute bin ich wieder zum Studenten geworden.» Dieser eindrucksvolle Abschied blieb mir in Erinnerung, und mir wurde bewusst, dass der Eintritt in den Ruhestand statt eines Endes ein neuer Anfang sein kann. Damals beschloss ich, meinen eigenen Ruhestand ebenfalls als Beginn und nicht als Ende zu sehen.

Mein Leben vor der Pensionierung erschien mir immer als Balanceakt: Ich versuchte, eine lange Gleichung mit lauter Unbekannten zu lösen. Als Vater, Wissenschaftler, Arzt, Ehemann, Lehrer hatte ich die anscheinend unlösbare Aufgabe, allen diesen Rollen mit ihren unterschiedlichen Verpflichtungen gerecht zu werden und sämtliche einander widersprechenden Wünsche zu erfüllen, ohne das fragile Gleichgewicht zu zerstören. Meistens stellte ich meine eigenen Wünsche zurück und gab dem, was getan werden musste, den Vorrang. Doch irgendwann waren meine Kinder alle erwachsen, und der Abschied vom Beruf stand kurz bevor. Daher hatte ich mit fünfundsechzig plötzlich zum ersten Mal im Leben viel freie Zeit. Jetzt würde mir niemand mehr im Weg stehen.

Was wollte ich mit all der Zeit anfangen? Ich dachte viel darüber nach und beschloss, dass ich meine Erfahrung und mein Wissen möglichst vielen Menschen zugänglich machen wollte – so eröffnete ich schließlich meine Praxis. Ich führte experimentelle Behandlungsweisen wie Kunsttherapie und meditationsbasierte Psychotherapie ein und gründete schließlich die *Family Academia Foundation*.

Wenn ich die Geschichten meiner Patientinnen und Patienten anhörte, fiel mir oft auf, dass darin ein krankes Familienmitglied vorkam. Meine Frau als Soziologin und ich als Psychologe wollten mit dieser Stiftung anderen helfen, die familiären Rollen und ihre Bedeutung zu verstehen. Unsere Stiftung wurde zu einem Forschungszentrum, das auf familienbezogene Studien, Erziehungsberatung, Weiterbildung von älteren Mitbürgern und Elterncoaching spezialisiert ist.

Etwas anderes, das mein Leben im Ruhestand bereicherte, begann ich aus reinem Vergnügen, einfach, weil es mir Freude machte. Es war ein vierjähriges Studium der Kulturwissenschaften an der *Cyber University of Korea*, einer Online-Universität in Seoul. Schon als Arzt hatte ich ein unersättliches Bedürfnis gehabt, mich intensiver mit den Geisteswissenschaften zu beschäftigen. Ich hatte immer den Eindruck: Wer einen psychisch kranken Menschen verstehen will, sollte nicht nur seine einzigartige Situation analysieren, sondern benötigt eine viel umfassendere, interdisziplinäre Perspektive. Häufig erschien es mir notwendig, sowohl die Kultur des Patienten als auch seine nähere und weitere Umgebung und seine Community sorgfältig zu betrachten. Ich gebe zu, dass das wahrscheinlich etwas mit meiner Begeisterung für die nepalesische Kultur zu tun hatte, insbesondere für ihre spirituellen Aspekte. Ich wollte herausfinden, was mich an den Kulturen so unwiderstehlich anzog. Zufällig sah ich ein Poster, mit dem die Cyber University neue Studierende suchte, und ich ergriff die Gelegenheit beim Schopf. Endlich hatte ich die Möglichkeit, mich dem Studium der Kulturwissenschaften zu widmen!

Es hat mir von allen Studienzeiten in meinem Leben mit Abstand das größte Vergnügen bereitet. Ohne den Druck, gute Noten zu bekommen, und ohne Sorgen wegen der Prüfungen studierte ich rein aus Wissensdurst, und ich kann mir nichts vorstellen, was größere Freude machen würde. So kam es, dass ich 2011 den Studiengang als Bester meines Kurses und als ältester Student abschloss. In meinen früheren Jahren als Student war ich nie auch nur in die Nähe dieser Ehre gekommen, und im Alter von sechsundsiebzig Jahren gelang mir dann dieses Kunststück? Das Leben ist wirklich voller Überraschungen.

Die Eröffnung meiner Praxis, die Gründung der *Family Academia Foundation* und die Jahre an der Cyber University – wenn ich von all dem berichte, klingt das vielleicht nach einem alten Mann, der damit prahlt, dass er sein Leben voll ausgekostet hat. Aber nein, liebe Leserinnen und Leser, ich möchte Ihnen einfach vermitteln, wie langsam das alles geschah, während einer Zeitspanne von zwanzig langen Jahren. Wir betrachten unser Leben im Ruhestand oft als den «Rest des Lebens», als das, was noch übrig bleibt, ein Überrest. Aber die Zeit, die uns im Ruhestand zur Verfügung steht, ist häufig zu lang, um sie einfach als Überrest zu betrachten. Zwanzig Jahre – das ist eine Zeit, in der ein Kind geboren und erwachsen werden kann. Es ist genug Zeit, um etwas Neues zu beginnen und es auf den richtigen Weg zu bringen. Es ist eine lange, lange Zeit – viel zu lang, um bloß herumzusitzen und immer das Gleiche zu tun und die alten Gewohnheiten zu pflegen, statt sich spannenden neuen Herausforderungen zu stellen.

Manche Menschen betrachten den Ruhestand als eine Lebensphase, in der sie als nutzlos angesehen werden. Sie können den Gedanken an ihr Alter kaum ertragen, denn sie befürchten, ohne eine nennenswerte Arbeit und mit abnehmenden Kräften ein Ärgernis und eine Belastung für ihre Familie zu sein. Daher bemühen sie sich, ihren Wert unter Beweis zu stellen. Aber auf diese Weise bleibt das Glück für sie unerreichbar, ganz gleich wie wohlhabend oder selbstlos sie sein mögen. Glücklich können sie erst werden, wenn sie ihre Sichtweise ändern und sich nicht mehr als potenzielles Problem für ihre Mitmenschen betrachten.

Ellen Langer, eine bedeutende Psychologieprofessorin an der Harvard University, hat gesagt, das Letzte, was wir aufgeben sollten, wenn wir glücklich sein möchten, ist die Kontrolle über unser Leben – das Recht, die Entscheidungen im Leben selbst zu treffen. Was ist das Beste am Älterwerden? Meine Antwort wird immer die gleiche sein: Es ist die Freiheit, die dadurch entsteht, über sein Leben selbst bestimmen zu können. Man ist nicht mehr in zahllosen Verpflichtungen gefangen und hat genügend Erfahrung und Möglichkeiten, sich der Art von Arbeit zu widmen, die man sich immer schon gewünscht hatte. Diese Freiheit ist eine Belohnung für diejenigen, die ihr Leben lang ihr Bestes getan haben. Warum also sollte man sie vergeuden, indem man über die eigene Nutzlosigkeit oder über fehlende Möglichkeiten nachgrübelt, statt zu handeln und endlich dem Herzen zu folgen?

Ich sage immer: «Jetzt ist mein goldenes Zeitalter.» Was meinen Sie, wie unterscheidet sich das erste Lebensjahr eines Neugeborenen von einem Jahr im Leben eines alten Mannes? Ist ein Tag für einen Mann von Mitte zwanzig anders als für einen Mann von Mitte achtzig? Wir sind insofern alle gleich, als die Zeit auf keinen von uns wartet. Deswegen müssen wir aufgeschlossen und neugierig bleiben, ganz gleich wie alt oder wie jung wir sind.

Lassen Sie uns Ausdrücke wie «der Rest meines Lebens» oder «die Tage, die mir noch bleiben» vergessen, denn das Leben im Ruhestand kann und sollte viel mehr sein als das. Wenn Sie Ihr Leben im Alter selbst in die Hand nehmen und jeden Tag dem nachgehen, wonach Sie sich von ganzem Herzen sehnen, dann werden Sie nicht enttäuscht sein. Es wird eine wunderbar spannende Erfahrung werden.

Anna Mary Robertson Moses, die erst mit fünfundsiebzig Jahren zu malen begann und bei ihrem Tod mit einhunderteins um die 1500 Gemälde hinterließ, sagte: «Das Leben ist, was wir daraus machen, so war es schon immer, und so wird es immer sein.»

2

Die Vorteile einer Mehrgenerationenfamilie

Seit 2013 mein erstes Buch in Korea erschien, wurde ich häufig eingeladen, um auf Veranstaltungen zu sprechen. Ich habe zahlreiche Interviews gegeben, viele Vorträge gehalten und war häufig Gast in Fernsehsendungen. Dadurch bekam ich zu vielen Menschen Kontakt und war gesellschaftlich und beruflich aktiv – was für ein Glück im Alter! Und bei jeder Gelegenheit schienen alle die gleiche Frage zu haben: Die Leute wollten immer etwas über die Lebensweise meiner Familie hören – wie wir, dreizehn Menschen aus drei Generationen, unter einem Dach leben.

Ich wohne, wie ich schon in einem früheren Kapitel kurz erwähnte, in einem großen Haus in Gugi-Dong in Seoul. In unserer vierstöckigen Villa leben fünf Familien, und die Bewohner sind alle meine Söhne und Töchter, ihre Partnerinnen und Partner und deren Kinder. Aber schließen Sie daraus bitte nicht, ich sei so reich gewesen, dass ich meinen Kindern Wohnungen schenken konnte. Nein, meine Kinder kauften und finanzierten ihre Wohnungen selbst, ohne meine Hilfe.

Wir wohnen seit 2002 in diesem großen Haus. Für meine Kinder war dieses Jahr hektisch, da sie verheiratet waren, selbst Kinder hatten und ganztags arbeiteten. Doch der Vorschlag, dass wir uns alle zusammentun sollten, war von meinem ältesten Sohn gekommen. Damit könnte die Familie das Dilemma lösen, einerseits die Kinder betreuen und sich um die alternden Eltern kümmern zu müssen, während sie gleichzeitig für die Mieten in der teuren südkoreanischen Hauptstadt aufkommen mussten. Wir anderen waren sofort begeistert, konnten uns aber nicht so leicht darauf einigen, auf welche Weise die Idee in die Realität umgesetzt werden sollte. Uns war klar, dass es für unsere Großfamilie – mit den alternden Eltern, den erwachsenen Kindern und deren eigenen Kindern – herausfordernd sein würde, friedlich zusammenzuleben. Was war, wenn es einen Konflikt nach dem anderen gab und die Familie sich schließlich zerstritt, statt zusammenzuwachsen? Doch nach vielen Diskussionen beschlossen wir, nach dem Grundprinzip «Respekt vor der Eigenständigkeit jeder Familie und jedes Familienmitglieds» zusammenzuleben.

Schon von der ersten Phase des Projektes an befolgten wir diesen Grundsatz. Meine Frau und ich stellten das Grundstück zur Verfügung, auf dem unser ursprüngliches Haus gebaut worden war, und meine Kinder nahmen es selbst in die Hand, ihre jeweiligen Wohneinheiten nach ihrem Budget, ihrem Geschmack und den Bedürfnissen ihrer Familie zu planen. Wir achteten darauf, dass jede Familie einen eigenen Eingang erhielt. Diese Grundsätze von Respekt und Unabhängigkeit gelten auch für unseren alltäglichen Umgang miteinander. Es ist verboten, ohne vorherige Verabredung die Wohnung einer anderen Familie zu betreten, und die Türcodes sind nur den Familien bekannt, welche die jeweilige Wohnung bewohnen. Familientreffen und Familienfeste planen und gestalten wir abwechselnd. Dabei lösen sich die Familien in einem Turnus von sechs Monaten ab, und Daten und Orte werden immer im Vorhinein mitgeteilt.

Heutzutage geht das Zeitalter der Kleinfamilie bereits in die Ära der Einpersonenhaushalte über. Viele Menschen finden unser generationsübergreifendes Wohnen daher inspirierend. Sie bezeichnen es gern als «neues Familienexperiment» oder als «neue Form der Gemeinschaft». Häufig erzählen sie uns neidisch, dass diese Familienform, bei der eigenständige Einheiten unter einem Dach leben, das ideale Modell für die Familie des einundzwanzigsten Jahrhunderts ist. Sie stellen sich dabei tägliche Mahlzeiten in der Großfamilie und regelmäßig gemeinsam verbrachte Zeit vor. Viele Menschen scheinen unser Familienmodell für perfekt zu halten.

Aber wir sind alle Menschen. Wir lachen nicht immer fröhlich über die Scherze der anderen, und die gemeinsam verbrachte Zeit ist nicht immer amüsant und großartig. Gelegentlich kann es sogar so aussehen, als wären die anderen uns mehr oder weniger gleichgültig. Obwohl wir im gleichen Haus wohnen, sehen wir uns manchmal tagelang nicht, und wir sind alle so beschäftigt, dass wir über das Leben der anderen nicht immer auf dem neuesten Stand sind. Doch dieses zeitweilige scheinbare Desinteresse ist vielleicht gerade das Geheimnis der andauernden Harmonie im Haus. Falls Sie das Porträt einer Großfamilie erwartet haben, deren Mitglieder enger verbunden und emotional aufeinander angewiesen sind, muss ich Sie also enttäuschen.

Aus Erfahrung kann ich allerdings sagen, dass die wahren Vorteile einer großen Mehrgenerationenfamilie eher in Notzeiten als zu freudigen Anlässen deutlich werden.

Vor einigen Jahren brach mein ältester Sohn an einem Sonntagabend zusammen. Seine Frau und seine Tochter waren bei ihm, als es passierte. Weil er bis dahin gesund gewesen war, dachte seine Frau erst, er würde einen Scherz machen, aber seine Tochter, meine älteste Enkelin, hatte gerade erfahren, dass der Vater einer Freundin an einem Herzinfarkt gestorben war, und rief sofort den Notarzt. Danach rief sie ihre Tante an, meine älteste Tochter, die Ärztin ist. Diese riet der Familie, den Vater sofort in die Klinik zu bringen. Zum Glück war mein jüngerer Sohn an diesem Abend zu Hause – nur eine Treppe tiefer –, und statt auf den Rettungswagen zu warten, fuhr er seinen Bruder selbst ins Krankenhaus. Auf diese Weise bekam mein Ältester viel schneller Hilfe, als es mit einem Krankenwagen möglich gewesen wäre.

Glücklicherweise war die Notaufnahme an jenem Abend voll besetzt, sodass alle Ärzte anwesend waren und das Notfallteam sowie der Chefchirurg sich miteinander beraten konnten. Mein Sohn erhielt daher sofort nach seiner Ankunft in der Klinik die nötige medizinische Erstversorgung und wurde dann gleich in den Operationssaal gebracht.

Wie sich herausstellte, hatte er tatsächlich einen Herzinfarkt. Als er in der Klinik ankam, war ein großer Teil seines Herzmuskelgewebes bereits abgestorben. Wäre er nur wenige Minuten später dort eingetroffen, dann wären möglicherweise irreversible Gehirnschäden aufgetreten oder er wäre sogar gestorben. Da aber die ganze Familie im gleichen Haus wohnte, konnten sich alle miteinander beraten und in dieser Krisensituation rasch und klug handeln. Ich weiß nicht, was passiert wäre, wenn meine Enkelin nicht so geistesgegenwärtig gewesen wäre, meine Tochter nicht den guten ärztlichen Rat gegeben und mein jüngerer Sohn seinen Bruder nicht so schnell in die Notaufnahme gebracht hätte. Was wäre geschehen, wenn auch nur einer dieser Faktoren gefehlt hätte? Die «kollektive Intelligenz» meiner Familie rettete meinem Ältesten das Leben. In diesem Moment spürte ich im tiefsten Inneren, dass die Entscheidung, als Mehrgenerationenfamilie zu leben, richtig gewesen war.

Während mein ältester Sohn und seine Frau in der Klinik waren, kümmerten meine Frau, meine anderen Kinder und ich uns um seine Tochter und um die Hausarbeit. Meine Enkelin nahm die Erkrankung ihres Vaters nicht allzu schwer, weil die übrige Familie gerne einsprang und für sie da war, wenn sie Unterstützung brauchte. Selbst jetzt spricht sie noch davon. Kürzlich sagte sie zu mir: «Weißt du, was das Beste war, was du jemals getan hast? Dass du uns alle zusammengebracht hast, um hier in diesem Haus zu wohnen.» Und ich stimme ihr von ganzem Herzen zu.

Mittlerweile lebt meine Familie seit zwei Jahrzehnten zusammen, und in dieser Zeit haben alle von uns kleine und große Krisen bewältigt, und wenn es nötig war, konnten wir uns aufeinander verlassen. Herausforderungen gemeinsam zu bewältigen und mit Krisen klug umzugehen – das ist das wahre Geschenk, das eine große Mehrgenerationenfamilie bringt. Es scheint, als mache die Gesellschaft langsam, aber sicher Fortschritte darin, mögliche Risiken im Leben einzudämmen – aber ist das wirklich so? Der medizinische Fortschritt mag unsere Lebenserwartung erhöhen, das heißt aber auch, dass wir dann später, im höheren Alter, mit verschiedenen Krankheiten konfrontiert werden. Die moderne Gesellschaft unterstützt die Berufstätigkeit von Frauen, kümmert sich aber wenig darum, wie berufstätige Eltern die Zeit und die Kraft für die Kinderbetreuung finden sollen. Akademische Bildung ist keine Garantie mehr für eine bessere Arbeitsstelle. Unsere moderne Fortschrittsgesellschaft bringt unerwartete, komplexe Probleme mit sich, und ihre individualistische Kultur führt dazu, dass wir uns bei der Bewältigung dieser Probleme im Großen und Ganzen selbst überlassen sind. Aber können wir sie wirklich ohne Hilfe lösen?

Hinter der Entscheidung, als dreizehnköpfige Mehrgenerationenfamilie zusammenzuleben, stand das dringende Bedürfnis, diese schwierigen Probleme gemeinsam anzugehen. Wir wollten die Last dieser Risiken gemeinsam tragen und ein Sicherheitsnetz schaffen. Dass wir alle im gleichen Haus leben, macht es auch einfacher für meine Kinder, sich um uns alternde Eltern zu kümmern, denn so haben sie abwechselnd freie Wochenenden und brauchen sich dann keine Sorgen um meine Frau und mich zu machen. Sobald wir Tür an Tür wohnten und immer mal nach den anderen sehen konnten, wenn das nötig war, brauchten wir nicht mehr mühsam nach Terminen zu suchen, um uns regelmäßig zu treffen. Wir konnten uns an den Wochenenden einfach erholen. Meine Kinder bekamen die Hilfe, die sie bei der Betreuung ihrer Kinder so nötig brauchten. Meine Frau übernahm die Aufgabe, die Enkelkinder zur Schule zu bringen. Und da acht erwachsene Verwandte im Haus wohnten, stand, wenn nötig, immer jemand zum Babysitten zur Verfügung. Meine Kinder konnten sich daher entspannen und sich auf ihr Berufsleben konzentrieren. Und meine Enkelkinder bekamen viele gute Anstöße von ihren Onkeln und Tanten. Mit ihren Berufen von Astronom über Ärztin bis hin zur Kunsttherapeutin und zum Experimentalfilmer inspirierten sie die Kinder und halfen dabei, ihren Horizont zu erweitern. Heutzutage wachsen in den meisten Familien höchstens zwei Kinder auf, und weil meine Enkelkinder ihre Vettern beziehungsweise Cousinen stets in der Nähe haben, haben sie bessere Kontaktmöglichkeiten, und sie lernen, mit anderen gut auszukommen.

Natürlich ist es nicht immer einfach, so nah bei Verwandten zu wohnen. Ein guter Weg zur friedlichen Koexistenz von alten Eltern und ihren erwachsenen Kindern liegt darin, allen zuzugestehen, dass sie für sich selbst sorgen, wann immer sie dazu in der Lage sind. Ich glaube, jede Familie floriert, wenn genau das richtige Maß an wohlwollender Indifferenz vorhanden ist. Doch was ist, wenn jemand aus der Familie ein Problem hat und Hilfe braucht? Dann ist der Zeitpunkt gekommen, an dem man einspringen muss.

Derzeit gibt es eine wachsende Bewegung, Gemeinschaften nach dem Vorbild früherer Dörfer zu bilden und eine Kultur der gemeinsamen Kinderbetreuung zu pflegen, so wie ein koreanisches Dorf sich in alter Zeit häufig gemeinsam um die Dorfkinder kümmerte. Ich möchte alle ermutigen, die dazu in der Lage sind, diese Idee der gemeinsamen Kinderbetreuung in der eigenen Großfamilie auszuprobieren.

Scheuen Sie sich nicht, Ihre Familie um etwas zu bitten, nur weil Sie meinen, das dürfe nicht sein. Denken Sie daran: In diesen unsicheren Zeiten ist die Familie ein zuverlässiges Sicherheitsnetz. Auf Ihre Verwandten können Sie jederzeit zurückgreifen. Betrachten Sie das gemeinsame Wissen und die Arbeitskraft der Familie als eine wunderbare Bereicherung. Wenn Sie sich einmal entschlossen haben, auf diese wertvollen Ressourcen zurückzugreifen, werden Sie viele Möglichkeiten dazu finden, und die Familie wird Ihnen helfen, die Hürden des Lebens zu überwinden. Und wenn die Familienmitglieder sich im Laufe dieses Prozesses näherkommen, ist das ein zusätzlicher Gewinn.

3

Die nächste Generation übernimmt

Vor einer Weile sagte ein Bekannter etwas zögernd zu mir: «Ihr ältester Sohn hat gesagt, wenn Sie einmal nicht mehr sind, möchte er vollkommen auf *jesa* verzichten. Wussten Sie das?»

Wahrscheinlich hatte mein Bekannter den Facebook-Post meines Sohnes gesehen und sich darüber Gedanken gemacht. Mein Sohn hatte nämlich geschrieben, er beabsichtige, nach meinem Tod die *jesa*-Tradition ganz aufzugeben. Mein Bekannter sagte, im Alter sollten wir uns bemühen, eng mit unseren Kindern verbunden zu bleiben, und er riet mir, meinen Sohn in die Schranken zu weisen. Darüber lachte ich bloß und erklärte scherzhaft, dann wäre ich nach meinem Tod eben eine hungrige Seele. Nun gut, ich weiß seit jeher, dass mein Sohn gegen diesen koreanischen Brauch eine Abneigung hat. Die Tradition gibt koreanischen Familien vor, ihre verstorbenen Verwandten jedes Jahr am Todestag, errechnet nach dem längst überholten Mondkalender, zu einem Festmahl einzuladen. Dieses Festmahl besteht aus mindestens zehn Gerichten, die von den Frauen der Familie frisch zubereitet werden, und alle versammeln sich dazu im Zuhause des ältesten Sohnes. Da meinem Sohn jegliche Förmlichkeiten ein Gräuel sind, überrascht es mich nicht, dass er es kaum erwarten kann, dieses traditionelle Ritual für die Toten abzuschaffen.

Kurz gesagt, ich bin meinem Sohn nicht böse. Meine Familiengeschichte weist seit Generationen gewagte Anpassungen und progressives Denken auf, wenn es um dieses Ritual geht. So war es früher Tradition, dass Familien, die es sich leisten konnten, ein Stück Land kauften, am besten an einem sonnigen Berghang, um ihre Toten dort in kleinen Hügelgräbern zu bestatten. Der *sunsan*, der frühere Begräbnisberg meiner Familie, umfasste sechs verschiedene Begräbnisplätze und wurde von einem Ranger betreut. Doch im Koreakrieg wurde auf diesem *sunsan* eine Barackensiedlung für Flüchtlinge aus den Provinzen im Norden errichtet. Ein Schulgebäude in der Nähe wurde vorübergehend in ein Krankenhaus für verwundete Soldaten umfunktioniert, sodass die Schule Teile unseres Begräbnisplatzes für ihren Sportunterricht nutzen musste. Während dieser Zeit kam es zu ungewöhnlichen Szenen: Ein Lehrer versuchte sogar, die Schüler oben auf einem der Gräber zu unterrichten.

Es war also eindeutig Zeit, unsere Grabstätten zu verlegen, doch mein Vater und seine neun Geschwister konnten sich nicht einigen, wie das geschehen sollte. Als sie mit der Entscheidung nicht weiterkamen, hatte meine Mutter die Idee, die Verstorbenen einzuäschern und die Asche am Fluss Nakdong zu verstreuen. In der damaligen Zeit war dieser kühne Vorschlag ein Skandal. Es kann für meine Mutter nicht einfach gewesen sein, ihre Meinung zu äußern, denn sechs Schwägerinnen und zwei Schwager waren anwesend, die alle älter waren als sie und daher in der traditionellen koreanischen Familie eine größere Autorität besaßen. Doch meine Mutter schaffte es, sie alle zu überzeugen. Sie argumentierte, dass mein Vater, der älteste Sohn, krank sei, und wies darauf hin, wie schwierig es sei, sich angemessen um die Grabstätten zu kümmern.

Letztlich musste meine Mutter das *pamyo*, die Exhumierungen, und schließlich auch die Einäscherungen selbst in die Hand nehmen. Dabei half ihr nur ein einziger Arbeiter. Ihre Argumente wurden zwar akzeptiert, fanden jedoch nicht genügend Anklang, als dass Verwandte bereit gewesen wären, ihr zu helfen. Meine Mutter stellte allerdings Pragmatismus und Veränderung über den althergebrachten Brauch, an dem man in dieser Situation ohnehin nur mit großem Aufwand hätte festhalten können.

Mit sechzehn, als mein Vater starb, wurde ich nach den koreanischen Gesetzen jener Zeit zum Familienoberhaupt. Eine meiner ersten Entscheidungen war, alle Daten für *jesa* auf den Sonnenkalender umzustellen und meiner gesamten Familie anzukündigen, dass wir diese Tradition nicht mehr für alle unserer zahlreichen Vorfahren fortführen würden, sondern nur noch für die beiden vorangegangenen Generationen, also für unsere Eltern und Großeltern. Meine Tanten trauten ihren Ohren nicht, als sie das hörten, und einige Male erschienen sie an den entsprechenden Daten im Mondkalender noch mit Speisen und anderen Dingen. Ich war dann immer völlig überrumpelt, denn ich richtete mich gar nicht mehr nach dem Mondkalender, der schon vor meiner Geburt überholt gewesen war. Also blieb ich standhaft und erklärte ihnen immer wieder, der Grund für diese Veränderung sei, dass ich unmöglich alle Daten im Mondkalender berücksichtigen könne, wenn meine älteren Verwandten, die sich mit den alten Bräuchen gut auskannten, nicht mehr leben würden. Schließlich gaben die Tanten, eine nach der anderen, nach. Wir halten weiterhin an diesem koreanischen Brauch fest, richten uns dabei aber zum Glück nach dem Sonnenkalender.

Als meine älteren Verwandten alle gestorben waren, hatte ich erneut das Gefühl, dass eine Veränderung angebracht war. Das war zu der Zeit, als meine Frau und ich mit unseren Kindern in unser gemeinsames Haus zogen. Meine Familie diskutierte ausgiebig über *jesa*. Und ich entschied, nur noch die Todestage meiner eigenen Eltern zu berücksichtigen und die älteren Generationen an zwei bedeutenden koreanischen Feiertagen zu ehren, nämlich am Mondneujahrstag und am koreanischen Erntedankfest, aber nicht mehr an ihren jeweiligen Todestagen. Wenn wir nicht Unterricht nehmen wollten, um den Brauch weiterhin wortgetreu pflegen zu können, sollten wir – so mein Vorschlag – die gesamte Feier überdenken und sie besser an unsere Lebenswirklichkeit anpassen. Die ganze Familie setzte sich zusammen, und es kam zu einer hitzigen Debatte mit dem Ergebnis, dass wir zukünftig zwei Grundsätze befolgen wollten: Erstens sollten zu jedem *jesa* alle etwas zu essen mitbringen. Zweitens sollten alle Verwandten diese Tradition in Übereinstimmung mit ihrer jeweiligen Religion fortführen. Seitdem pflegt meine Familie diesen alten koreanischen Brauch, ohne dass es, wie in vielen anderen koreanischen Familien, zu Konflikten darüber kommt, wie viele Gerichte zubereitet werden müssen und wann, und für wie viele Generationen und an wie vielen Tagen im Jahr gefeiert wird.

Sehen Sie, ich bin Arzt. Das heißt, ich bin Wissenschaftler. Ich muss gestehen, solange nicht bewiesen ist, dass es ein Leben nach dem Tod gibt, glaube ich nicht daran, und ich glaube auch nicht, dass die hungrigen Seelen meiner Vorfahren an den Jahrestagen ihres Todes über mir schweben und ein Festmahl erwarten. Daher ist *jesa* in meinen Augen kein Ritual, das wir alljährlich für die Toten abhalten, sondern für mich ist es mittlerweile ein Anlass, zu dem wir – die Lebenden – die Toten ehren und uns mit ihrer Abwesenheit anfreunden können. Es sollte also ein sinnvoller, bedeutsamer Tag für die Lebenden sein. Wenn die Lebenden sich aber Jahr für Jahr über die Einzelheiten dieses Rituals streiten und sich dadurch voneinander entfernen – verzeihen Sie mir, dass ich das sage –, dann hat sich diese Tradition überlebt, und es wäre besser, sie aufzugeben. Und warum sollte man ein Ritual für die Toten nicht der Realität der Lebenden anpassen? Aufgrund dieser Überzeugung bemühe ich mich ständig, den richtigen Weg zu finden, um diese Tradition zu bewahren.

Mein Sohn geht jetzt noch einen Schritt weiter und kündigt an, die Tradition des *jesa* gar nicht mehr pflegen zu wollen.

Nach meinem Tod wird er als Ältester und als Familienoberhaupt beschließen, sich von einem Ritual zu verabschieden, das unsere gesamte Familie viele Mühen und Opfer gekostet hat. Das ist vergleichbar mit der Entscheidung meiner Mutter, die Leichen unserer Vorfahren einäschern zu lassen, und mit meinem Beschluss, das *jesa*-Ritual entscheidend zu reduzieren und zu vereinfachen. Wir bezeugen damit Respekt vor der nächsten, jüngeren Generation und vor ihren Bedürfnissen und bejahen die Modernisierung. Manche Leute mögen das inakzeptabel finden und den Kopf darüber schütteln, dass wir mit dieser alten Tradition brechen, aber ich persönlich bin für zeitgemäße Veränderungen! Ich weiß: Meine Zeit ist vorbei, und ich begrüße es, wenn die Generation meines Sohnes von jetzt an das Ruder in der Hand hat.

Und tatsächlich liegt es ja nach meinem Tod ganz im Ermessen meiner Kinder, wie sie mit dieser Tradition – und mit allem anderen – umgehen. Dass sie die Verantwortung übernehmen und Veränderungen einleiten werden, nimmt mir ganz einfach eine Last von den Schultern. Jetzt ist es an der Zeit, Entscheidungen, welche die Familie betreffen, der nächsten Generation zu überlassen und meine restlichen Lebenstage damit zu verbringen, mich auf mich selbst und mein Wohlergehen zu konzentrieren. Das ist so befreiend!

Liebe Leserinnen und Leser, bitte nehmen Sie es nicht persönlich, wenn der Zeitpunkt gekommen ist, dass Ihre Kinder die Leitung der Familie übernehmen. Vergessen Sie nicht: Es wäre ein größeres Problem, wenn Ihre Kinder sich weigern würden, diese Verantwortung zu übernehmen. Wenn die Kinder nämlich ohne Ihre Mitwirkung kein Interesse daran hätten, die Familie zusammenzuhalten, wären Sie im Alter gezwungen, Ihre kostbare Zeit darauf zu verwenden, sich um kleine und große Familienangelegenheiten Gedanken zu machen und sich darum zu kümmern. Und in diesem Fall müssten Ihre Kinder dann alle wichtigen Entscheidungen an Sie delegieren und jedes Mal warten, bis Sie sich entschieden hätten. Was für eine Zeitverschwendung! In einem derartigen Teufelskreis bleiben die alten Eltern dominant, und die erwachsenen Kinder verlieren das Vertrauen in die Familiendynamik. Es ist im Alter schon schwer genug, eine gute Beziehung zu den Kindern aufrechtzuerhalten und zu pflegen, und dieser Fehler würde das nur noch schwieriger machen.

Da ich selbst Vater bin, verstehe ich natürlich, wenn Sie den Eindruck haben, Ihre Kinder würden Ihren Erwartungen vielleicht nicht ganz gerecht. Vor allem, wenn Sie selbst in Ihrem Leben große Leistungen vollbracht haben, tappen Sie möglicherweise in die Falle, Ihren Kindern bei jedem Schritt zu misstrauen und sie zu unterschätzen. Wir sollten jedoch lernen, unsere erwachsenen Kinder so zu respektieren, wie sie sind. Selbst wenn sie in unseren Augen gelegentlich Fehler machen, sollten wir zulassen, dass sie auf ihre eigene Weise daraus lernen. Wir haben Großes geleistet, indem wir sie aufgezogen haben. Wir haben für Nahrung, Kleidung und Ausbildung gesorgt, oder nicht? Jetzt ist es Zeit, einen Schritt zurückzutreten und zu akzeptieren, dass unsere Arbeit als Eltern getan ist. Lernen Sie nun, Ihre Kinder nach Kräften zu unterstützen und ihnen Anerkennung zu zeigen, ganz gleich, welchen Weg sie im Leben eingeschlagen haben. Denken Sie daran: Im Schatten ihrer Eltern können Kinder nicht richtig wachsen. Wir müssen zur Seite treten und sie von der Sonne bescheinen lassen.

Letztlich ist das Ziel aller Eltern die Selbstständigkeit der Kinder. Niemand jedoch kann schon beim ersten Versuch richtig selbstständig werden. So wie ein kleines Kind tausend Mal hinfallen muss, bevor es aufrecht stehen und laufen kann, lernen auch die großen Kinder erst nach und nach, auf eigenen Füßen zu stehen. Sie müssen alles Mögliche ausprobieren und dabei auch Fehler machen dürfen. Gestatten Sie ihnen daher,

ihr eigenen Leben zu leben und selbst Entscheidungen zu treffen. In jedem Zeitalter beginnt die Zukunft notwendigerweise
und unvermeidlich damit, dass die junge Generation der älteren Generation entwächst.

4

Unser Leben – ein Wunder

Im Jahr 2011 zogen meine Frau und ich uns zusammen mit früheren Kommilitonen aus dem Medizinstudium und ihren Frauen für zwei Tage auf die Insel Jeju zurück, um den fünfzigsten Jahrestag unseres Examens zu feiern. Der letzte Tag dieses Treffens war ein Sonntag, daher gingen einige meiner katholischen Freunde zur Kirche. Am Nachmittag kamen sie voller Wut zurück. Der Priester hatte etwas gesagt, worüber sie sehr empört waren.

Da er diese Gruppe von Kirchenbesuchern nicht kannte, hatte der Priester gefragt, zu welchem besonderen Anlass sie den ganzen weiten Weg vom Festland auf die Insel zurückgelegt hatten. Auf ihre Antwort hin, dass sie auf Jeju gemeinsam den fünfzigsten Jahrestag ihres Medizinexamens feiern wollten, hatte der Priester staunend gesagt: «Oh, was für ein langes Leben.»

Meine Freunde waren entrüstet, und selbst im Hotel knirschten sie noch mit den Zähnen. Sie kritisierten den Priester mit Kommentaren wie: «Wie kann er es wagen, uns wie alte Leute zu behandeln» und «Im Grunde hat er uns doch gefragt, warum wir noch nicht tot sind».

Ich meinerseits glaube allerdings nicht, dass der Priester sie verletzen wollte. Wahrscheinlicher ist, dass meine Freunde, denen es schwerfiel, ihr Älterwerden zu akzeptieren, die Bemerkung des Priesters auf die schlimmstmögliche Weise interpretierten. Ich versuchte, sie zu beruhigen. «Der Priester wollte euch vermutlich gratulieren», sagte ich, «dass ihr alle

Schwierigkeiten im Leben gemeistert habt. Das solltet ihr nicht als persönliche Kränkung betrachten.»

Tatsächlich haben die meisten Menschen meiner Generation, darunter auch ich, es nur mit Mühe und Not durch das vergangene Jahrhundert geschafft. Wir waren im Alltag ständig von Armut, Krankheiten und Krieg bedroht. Mit sechs Jahren erkrankte ich schwer an Typhus. Damals hatten wir keine Möglichkeit, diese Krankheit zu behandeln, daher konnte ich nur um mein Leben beten. Zum Glück überstand ich den Typhus. Als die japanische Kolonialherrschaft zu Ende ging, war ich neun, und die Japaner zogen mich nicht zur *Junior Air Force* ein, weil ich ein Jahr zu jung war. Aber um mich herum wurden Zehn-, Elf- und Zwölfjährige eingezogen, weil sie zu Kamikazefliegern ausgebildet werden sollten. Als ich vierzehn war, mitten im Koreakrieg, standen wir kurz davor, die Front am Fluss Nakdong aufgeben zu müssen, und das koreanische Militär führte nachts Suchaktionen durch, um weitere Soldaten zu finden. Ich wurde jedoch nicht eingezogen, weil ich noch nicht alt genug war – wieder ein Jahr zu jung. Stattdessen arbeitete ich mit einem Künstler zusammen an der Produktion von Kriegspropaganda-Postern. Später, während der Aprilrevolution und dem Gwangju-Aufstand, fand ich mich erneut mitten im Strudel der koreanischen Geschichte wieder, aber es gelang mir, das alles zu überleben – da muss göttliches Eingreifen am Werk gewesen sein, anders kann ich es mir nicht erklären.

Einem meiner Vettern wurde vorgeworfen, er sympathisiere mit den Kommunisten, und daraufhin wurde er 1951 bei dem Massaker im Geochang-Tal in der Nähe von Daegu umgebracht. Sein jüngerer Sohn starb während des Koreakrieges in der Armee. Mein jüngster Onkel fiel ebenfalls in diesem Krieg, und mein zweiter Onkel wurde von der nordkoreanischen Armee entführt. Befragt man Koreaner in meinem Alter, haben sie alle ähnliche Leidensgeschichten zu erzählen. Tod und große Verluste waren immer ganz nah, sodass uns das Leben selbst wie ein Wunder erschien. Ich sage oft: «Man glaubt vielleicht, wir könnten alle achtzig Jahre alt werden, aber das ist nicht jedem vergönnt.»

Wenn ich mit meinem Sohn, dem Astronomen, über das Universum spreche, fehlen mir angesichts dessen Unermesslichkeit die Worte. Dieser Planet, den wir als unsere Heimat bezeichnen, entstand durch puren Zufall, in einem grenzenlosen Universum, dessen Ausdehnung wir nicht erfassen können. In den viereinhalb Milliarden Jahren Erdgeschichte existiert die Menschheit erst seit einem winzigen Bruchteil dieser Zeit. Ich, Rhee Kun Hoo, bin in diesem großen Ganzen nur ein klitzekleines Staubkorn, das einen Augenblick lang herumschwebt und dann wieder verschwindet. Würden Sie mir nicht zustimmen, wenn ich sage, dass die Existenz eines jeden von uns nicht an sich schon ein Wunder ist?

In meiner Jugend sprudelte ich über vor Zuversicht und Entschlossenheit, und ich war sicher, dass ich im Leben meinen eigenen Weg gehen würde. Manchmal wurde meine harte Arbeit belohnt und manchmal nicht, und dennoch machte ich immer nur mich selbst für meinen Erfolg und mein Versagen verantwortlich. In dieser Überzeugung lebte ich ein insgesamt fröhliches, erfülltes Leben. Im Rückblick erkenne ich jedoch, dass mein Leben weniger von meinen Leistungen, als vielmehr von großartigen Fügungen und vielen zufälligen Begegnungen bestimmt war. Zum Glück waren mir die Kräfte der Fügungen und der zufälligen Begegnungen günstig gesinnt, und so bin ich noch hier und atme weiterhin.

Betrachten Sie Ihre Lebensumstände nicht als selbstverständlich. Nicht jeder hat das Privileg, relativ gesund zu sein, und Gesundheit ist auch keine Belohnung für harte Arbeit. In dieser Welt, in der alles voneinander abhängig und eng miteinander verflochten ist, steht niemand allein da. Wissentlich oder unwissentlich beeinflussen wir uns immer gegenseitig. Wenn man den eigenen Platz in der großen Ordnung der Dinge erkennt, wird man unwillkürlich demütig und dankbar. Und jemand, der so lange lebt, dass er diese Demut empfindet, kann großen Einfluss auf das Leben anderer Menschen haben.

5

....

Jeder Tag ein Fest

2014 wurde ich nach der koreanischen Altersberechnung achtzig Jahre alt. Bis zum Jahr 2023 gab es in Südkorea eine besondere Art, das Alter zu bestimmen: Bei der Geburt waren wir nämlich alle ein Jahr alt, und zu Beginn eines neuen Kalenderjahres wurden wir alle ein Jahr älter, ganz gleich, an welchem Tag wir geboren waren. Mit achtzig Jahren hat man meiner Ansicht nach ein hohes Alter erreicht, und ich war keine Ausnahme. Schlaffe Augenlider, weißes Haar, Schwerhörigkeit und nachlassende Sehkraft, schleppender Gang und Hängeschultern – das alles weist unverkennbar auf das Alter hin. Ich dachte mir: Jetzt werden mich alle ohne Zögern Großvater nennen.

Eines Tages ging ich auf dem Weg zu meiner Praxis über eine Fußgängerbrücke, und ein Mann mittleren Alters grüßte mich im Vorbeigehen mit: «Sie sehen großartig aus, Opa.» Ich antwortete einfach mit einem leisen Lächeln. Welche Phase seines Lebens machte dieser Mann wohl gerade durch? Vielleicht eine Phase mit schwerwiegender Verantwortung und Pflichten, die gleichzeitig anstrengend und lohnend sein konnte – ja, einen frühen Herbst, eine Zeit, in der die Früchte reifen und die brennende Sonne und die Stürme hinter einem liegen.

Für mich ist der heiße Sommer vergangen, der fruchtbare Herbst ist vergangen, und ich habe den Winter der heiteren Gelassenheit erreicht. Da alle meine Leistungen und mein Ruhm in der Vergangenheit liegen und ich nicht mehr von Wut oder Groll gequält werde, bin ich endlich frei und lebe im Frieden mit der Welt. Meine Achtzigerjahre könnten der goldene Gipfel meines Alters sein.

Aber wie kann ich diese Freude, die ich in meinen Achtzigern empfinde, mit den Menschen, die mir am Herzen liegen, teilen? Als mein achtzigster Geburtstag näher rückte, hatte ich einige Ideen. Ich wollte zu diesem Geburtstag etwas Bedeutsames schaffen und denkwürdige Momente mit den Menschen erleben, für die ich dankbar bin.

«In diesem Jahr habe ich jeden Tag Geburtstag», erklärte ich meinen Verwandten, als sie mich fragten, was ich mir zum Geburtstag wünschte. Um achtzig Jahre zu feiern, reichte ein einziger Tag nicht aus, entschied ich. Und was würde es mir bringen, wenn ich alle meine Verwandten und Freunde in einem Restaurant versammelte und zu einem teuren Festmahl einlud, dann aber gar nicht die Gelegenheit hatte, mit den Einzelnen sinnvolle Gespräche zu führen? Daher wollte ich mir ein ganzes Jahr Zeit nehmen, um alle meine lieben Menschen in Ruhe zu treffen, einen nach dem anderen, und mich bei einem leckeren Essen bei jedem persönlich zu bedanken und auf mein Leben zurückzublicken.

Aber Menschen aus heiterem Himmel zu bitten, meinen achtzigsten Geburtstag mit mir zu feiern, hätte die Eingeladenen zu sehr unter Druck gesetzt. Also verabredete ich mich mit ihnen, ohne meinen Geburtstag zu erwähnen. Und erst nach einer wunderschönen gemeinsamen Zeit bei einem guten Essen, kurz bevor wir uns verabschiedeten, eröffnete ich ihnen, dass wir gerade meinen achtzigsten Geburtstag gefeiert hatten.

Meine Gäste reagierten vor allem auf zwei verschiedene Arten. Die einen entschuldigten sich und erklärten, sie hätten mich zu einem noch schöneren Essen eingeladen, wenn sie das vorher gewusst hätten – aber für mich war jedes Essen auf jeder dieser Geburtstagsfeiern mehr als schön. Die anderen lobten meine besondere Idee, den Geburtstag das ganze Jahr lang zu feiern. Üblicherweise plant die Familie für einen achtzigsten Geburtstag etwas Großartiges und gibt viel Geld dafür aus, aber am Tag selbst ist das Geburtstagskind dann normalerweise zu überwältigt, um das Fest genießen zu können. Die Freunde, die ich zu meinem Achtzigsten einlud, sagten mir, sie müssten sich nach diesem Abend noch einmal überlegen, wie sie selbst ihren bevorstehenden achtzigsten Geburtstag feiern wollten.

Wie oft im Leben wird man eigentlich zum Mittelpunkt eines Festes, einer großen Feierlichkeit? Am ersten Geburtstag, bei der Hochzeit, zur Feier des sechzigsten, siebzigsten und achtzigsten Geburtstags ... insgesamt sind es weniger als zehn Gelegenheiten. Und ein solches Fest ist eine der wenigen Möglichkeiten für unsere Lieben, sich an einem Ort zu versammeln und uns zu feiern. Da wir aber meistens zu sehr mit Fragen der Etikette und den Details der Veranstaltung beschäftigt sind, kommt die Freude am Feiern und Gefeiertwerden oft zu kurz. Ja, oberflächlich gesehen ist es eine glanzvolle Feier, aber wenn man hinter die Kulissen schaut, zeigt sich an so einem Tag oft das reine Chaos. Wer kann auf einem derartigen Fest wirklich feiern, mal abgesehen von dem Restaurantbesitzer, der das Geld für das Büfett erhält?

Erinnern Sie sich daran, dass meine Leser mich nach der Veröffentlichung meines ersten Buches häufig fragten: «Wie schaffen Sie es, so viel Spaß zu haben?» Und an meine Antwort: «Wann habe ich denn gesagt, ich *hätte* Spaß? Ich habe gesagt, ich *möchte* Spaß haben.» Das Leben besteht zum großen Teil weder aus denkwürdigen Freuden noch aus tiefem Leid, sondern aus gewöhnlichem Alltag. Wenn wir weiterhin an den normalen Tagen etwas auszusetzen haben, dann werden wir die meiste Zeit unseres Lebens unzufrieden und gelangweilt sein. Suchen wir jedoch beharrlich nach den kleinen Freuden des Alltags, ist das Leben großartig. Das ist mein Geheimnis für ein glückliches Leben: Ich suche mir im Alltag so viel Freude und

Spaß wie möglich. Und ein festlicher Tag ist eine sehr gute Gelegenheit, um sich zu freuen. An so einem Tag möchten die anderen uns gern feiern – warum also sollten wir nicht das Beste aus dieser Möglichkeit machen und uns auf eine Weise feiern lassen, die für uns richtig und sinnvoll ist? Das wäre doch ein großes Vergnügen, oder nicht?

Ich war auf der Insel Jeju in der Ausstellung eines Künstlers, der ebenfalls Mitglied der *Family Academia* ist und sich vor allem mit ostasiatischer Malerei beschäftigt. Die Ausstellung fand zur Feier seines sechzigsten Geburtstags statt. Als ich mich darin umsah, fiel mir das Porträt eines Mannes auf, der mir seltsam bekannt vorkam. Als ich es näher betrachtete, wurde mir klar, dass das Gemälde mein eigenes lächelndes Gesicht zeigte! Der Künstler sah meine verwunderte Miene und erklärte mit einem Lächeln: «Ich habe die Gesichter der sechzig erinnerungswürdigsten Menschen aus den sechzig Jahren meines Lebens gemalt. Bei der Arbeit an diesem Bild war ich sehr glücklich. Die Vorlage ist ein Foto, das an dem Tag gemacht wurde, als wir zusammen im Waisenhaus gearbeitet haben.»

Seine Worte und sein Gemälde waren ein herzerwärmendes Geschenk – und dabei hatte ich gedacht, ich wäre nach Jeju gekommen, um *ihn* zu feiern! Dass er seinen eigenen Geburtstag in eine Gelegenheit verwandelte, anderen zu danken, spiegelte wider, wer er war – ein großzügiger, liebenswürdiger, fürsorglicher Mann, der alle Menschen in seiner Umgebung zum Strahlen brachte.

Man sollte nicht gelangweilt und interesselos durchs Leben gehen, bloß weil man das Gefühl hat, nichts Nennenswertes zu erleben. Man kann überall Freude finden. Häufig ist allein die passive Haltung, mit der manche Menschen der Welt gegenüberstehen, der Grund für ihre Unzufriedenheit. Man sollte sich aktiv nach Vergnügen und Freude umsehen – das ist der einzige Weg, um beides zu erleben.

Nach der koreanischen Altersberechnung war mein achtzigster Geburtstag am 30. Dezember 2014. An diesem Tag feierten wir als dreizehnköpfige Familie ein kleines Fest nur für uns. Meine Kinder gingen schon frühmorgens auf einen Fischmarkt, um erstklassiges Sashimi zu besorgen, weil ich das so gern esse. Es gab ein Festessen aus Sashimi und einem Fischeintopf mit einem Fond aus den Resten und den Gräten. Dann folgten die in Korea üblichen Geldgeschenke, und wir unterhielten uns ein Weilchen über Erinnerungen aus den achtzig Jahren meines Lebens. Dieses Fest war in jeder Hinsicht perfekt, so angenehm und zwanglos. Keine noch so extravagante Veranstaltung hätte meine achtzig Jahre besser feiern können.

6

Frei für die eigenen Werte

Wenn ich heute fernsehe oder mich im Internet umschaue, begegnen mir viele Wörter, die ich kaum verstehe, normalerweise sind es Abkürzungen oder Akronyme. Für die jüngeren Generationen sind sie vermutlich selbstverständlich, aber uns Ältere schrecken diese Ausdrücke eher ab. Dabei kommen wir eigentlich nicht umhin, sie zu lernen, denn inzwischen gibt es so viele davon, sie werden häufig benutzt und sind in Unterhaltungen oft wesentlich. Manchmal fühle ich mich wie eine ahnungslose Animefigur, die bei jedem dieser Begriffe blinzeln muss.

Zuerst brauchte ich schon bei den einfachsten Kürzeln wie LMAO oder LOL die Hilfe meiner Enkelkinder, inzwischen jedoch sind die neuen Wortbildungen im Koreanischen einfach zu zahlreich geworden. Also begann ich, selbst nachzuforschen, um sie zu verstehen. *Gapbunssa* zum Beispiel bedeutet, dass eine Situation plötzlich peinlich oder unangenehm geworden ist. Ein Mann, der keine Familie gründen will oder es aufgegeben hat, sich um seine bereits bestehende Familie zu kümmern, wird im Koreanischen als *gaponam* bezeichnet, und eine Frau in der gleichen Situation nennt man *gaponyeo*. Diese Akronyme sprechen Bände über unsere moderne koreanische Gesellschaft, in der man nur Karriere machen kann, wenn man die Familie aufgibt. Menschen, die Manieren haben, werden *gaetop* genannt, ihre Kontraparts *gaetopbul*. Das sind nur einige Beispiele von vielen, die ich gesammelt habe. Sie füllen insgesamt acht DIN-A4-Seiten.

Ja, diese Sammelarbeit war lästig, und ich ärgerte mich kurz darüber, aber diese neuen Ausdrücke zu lesen und aufzuschreiben machte mir dann eigentlich richtig Spaß. Eins meiner Lieblingswörter, das mir sofort auffiel, ist *sohwakhaeng*, was sich mit «kleines, aber sicheres Glück» übersetzen lässt. Dieses Glück zu suchen ist unter koreanischen Millennials und in der Generation Z ein Trend. Die jungen Menschen genießen die kleinen, aber sicheren Freuden, die sie im Alltag finden können, statt das Hier und Heute einem weit entfernten, unsicheren Glück zu opfern. Dieser Ausdruck spiegelt auf traurige Weise das Korea des einundzwanzigsten Jahrhunderts wider, denn Dinge, die wir früher für selbstverständlich hielten – einen sicheren Arbeitsplatz, Ehe und Familie und ein eigenes Haus –, kann den jungen Leuten heutzutage niemand mehr versprechen.

Wissen Sie, was ich aus dieser Beschäftigung mit den neuen Begriffen gelernt habe? Ich habe gelernt, dass die jüngeren Generationen sich von der Gesellschaft verraten fühlen müssen. Und gleichzeitig bin ich stolz auf die jungen Menschen, weil sie auf etwas hinweisen, womit wir – die älteren Generationen – uns nie richtig auseinandergesetzt haben, weil uns der Mut dazu fehlte. Haben wir unsere Gegenwart nicht zugunsten eines zukünftigen Glücks verpfändet? Viele von uns haben sich immer wieder gesagt: Wenn ich erst studiere, wenn ich erst eine sichere Arbeitsstelle habe, wenn ich erst befördert werde und genug Geld verdiene ... Ja, wir wurden gelehrt und darauf vorbereitet, ausdauernd und unermüdlich nach Glück zu streben. Aber die jüngeren Generationen möchten im Jetzt leben und das Glück in der Gegenwart finden, und das ist ausgesprochen weise!

In unseren modernen Wettbewerbsgesellschaften haben wir Älteren ein hektisches Leben mit Tunnelblick geführt. Die meisten von uns glaubten an Leistung und Erfolg, nahmen sich aber nie die Zeit, einmal zu fragen, ob dieser Weg tatsächlich der richtige für sie war. Zielorientiert arbeiteten wir immer weiter, bis wir uns eines Tages im Ruhestand wiederfanden und unsere Kinder das Nest verlassen hatten. An diesem Punkt gerieten unsere Lebensschiffe häufig in Seenot, denn wir hatten den einzigen Kompass verloren, den wir im Leben kannten.

Wenn man sich in dieser Situation dann auch noch auf das Gefühl konzentriert, dass die Zeit knapp wird, verschlimmert das die Lage. Die Unwägbarkeit, wie lang das Leben noch sein wird, kann nämlich zu ehrgeizigen Projekten führen: Man macht es sich zur Aufgabe, neu gesteckte Ziele zu erreichen, so als würde man noch studieren und dabei Nachtschichten einlegen können. Manche von uns übertreiben es und probieren alles und jedes aus – Sport, Reisen, ehrenamtliche Arbeit, Studieren –, was auch immer gerade als angesagt gilt. Ich habe erlebt, dass Leute ein kleines Vermögen für eine Profi-Kamera ausgeben, bloß weil sie sich mal im Fotografieren versuchen wollen. Manche zahlen für extrem kostspielige Pauschalreisen, weil sie endlich die Welt sehen wollen. Andere prahlen mit ihren Fähigkeiten im Gewichtheben. Was es auch sein mag, liebe Leserinnen und Leser, manche von uns unterliegen selbst noch im Ruhestand der Versuchung, den wettbewerbsorientierten Lebensstil weiterzuführen.

Aber ein weiterer überraschender Vorteil des Älterwerdens ist, dass man sich keine Ziele mehr setzen muss. Was hat man davon, viel Zeit auf ein Studium zu verwenden? Wir streben keine Doktortitel mehr an. Wir werden auch nicht mehr an den Olympischen Spielen teilnehmen, selbst wenn wir noch so hart trainieren. Klar, wir können reisen und uns damit brüsten, aber es dürfte schwer sein, dafür ein bereitwilliges Publikum zu finden. Warum also sollten wir im Alter studieren, Sport treiben oder reisen? Ich meine: zum eigenen Vergnügen. Nicht weil wir damit ein Ziel verfolgen, sondern weil uns die Tätigkeit an sich Freude macht.

Von zielorientiert zu prozessorientiert, von der extrinsischen Motivation zur Selbstmotivation – diese Veränderung müssen Sie im Alter früher oder später vollziehen. Das Leben kann länger sein, als Sie denken, und wenn Sie den langen Fluss des Alters befahren, brauchen Sie etwas Besseres als ein Rettungsboot, das aus den Werten anderer Leute zusammengezimmert ist. Sie brauchen etwas Robustes, Verlässliches, das Sie selbst hergestellt haben. Was tun Sie gern, was inspiriert Sie und was gibt Ihrem Leben Sinn? Das sollten Sie als Erstes herausfinden.

Vor Jahren sah ich einen interessanten Dokumentarfilm mit dem Titel *A Hundred Years Old: Shock.* Eine Frau im höheren Alter sagte in einem Interview, vor einer Weile habe sie sich gefragt, was ihr im Leben wirklich Freude mache. Sie erklärte: «Ich liebe sinnvolle Arbeit und ehrenamtliche Tätigkeiten, aber mehr als alles andere möchte ich mich ganz lebendig fühlen, aus meinem tiefsten Innern heraus.» Schließlich hatte sie die Philosophie als Interessengebiet gewählt. Sie strahlte vor Freude, als sie erzählte, sie hätte sich nie vorstellen können, dass ein Philosophie-Studium in ihrem Alter so viel Spaß machen könnte.

Häufig treffe ich Menschen, die deprimiert sind, weil sie ihre Ziele im Leben verloren haben. Aber hat das Leben einen anderen Sinn, als dass man es lebt und sich selbst dabei treu bleibt? Jegliche Ziele sind nur Platzhalter dafür, das wahre Selbst zu finden und es zu leben. Jetzt ist der Zeitpunkt gekommen, dass Sie über eine bedeutende Frage nachdenken sollten: Was wünschen Sie sich wirklich? Die Antwort auf diese Frage ist der Schlüssel zu Ihrem Glück.

7

Aus Spaß an der Freude

1996 bekam ich von der koreanischen Autorenvereinigung einen etwas merkwürdigen Preis. Es ist eine Auszeichnung für Menschen, die keine literarischen Schriftsteller sind, sich aber als solche fühlen. Ich freute mich sehr darüber, es war, als würde meine lange, unerwiderte Liebe zur Dichtung endlich offiziell anerkannt.

Es gibt einen guten Grund dafür, dass ich meine Liebe zur Dichtung als unerwidert bezeichne. Wenn es um die Liebe zu Gedichten geht, stehe ich niemandem nach, aber im Verfassen von Gedichten bin ich vollkommen unbegabt. Als ich neun Jahre alt war, wurde Korea endlich unabhängig, und ich hatte in der Schule zum ersten Mal Koreanisch als Fach. Unser Lehrer war begeistert und wollte uns an seiner Freude über die Unabhängigkeit Koreas teilhaben lassen, also nahm er uns zu einer Unterrichtseinheit mit in den Park. Unsere Aufgabe war es, zwei Stunden lang über ein selbst gewähltes Thema zu schreiben. Damals hatte ich eine schwierige Zeit und machte eine Art Identitätskrise durch, weil auf die Unabhängigkeit Koreas viele gesellschaftliche Veränderungen folgten. Im Unterricht war ich oft nicht bei der Sache, und auch während dieser beiden Stunden war ich in Gedanken ganz woanders. Während ich noch vor mich hin träumte, hörte ich meinen Lehrer plötzlich sagen: «Alle mal herhören, es ist Zeit, dass ihr zum Abschluss kommt!» Zwei Stunden waren im Nu vergangen. Voller Panik schrieb ich auf Koreanisch in mein Heft: «Ich kam zum Schreibunterricht in diesen Park.»

Lächerlich, ich weiß, aber das ist der erste Satz, den ich jemals auf Koreanisch schrieb. Sie verstehen schon, worauf ich hinauswill: Ich bin kein Dichter und werde auch niemals einer sein.

In der höheren Schule erging es mir nicht anders. 1953, kurz vor dem Ende des Koreakrieges, erfuhr ich, dass in Budapest Demonstrationen für die ungarische Demokratie stattfanden. Dieser Schrei nach Demokratie in einem kommunistischen Land, das noch dazu ein Satellitenstaat der Sowjetunion war, bewegte mich so tief, dass ich ein Gedicht schrieb und es meinem Lehrer für Literatur gab. Ich weiß noch, dass es um die Bedeutung der Freiheit ging. Aber der Lehrer, der zufällig auch selbst Gedichte verfasste, nahm mich etwas später zur Seite und sagte: «Ich habe keine Ahnung, was du damit sagen willst.»

Natürlich braucht ein guter Lyriker die richtige Sensibilität – ich fand, die besaß ich –, er muss aber auch ein Auge für Wörter und Versformen haben. Mein Gedicht jedoch ging mit beidem sehr frei um. Daher konnte ich meine Empfindungen nicht vermitteln, und so blieb meine Liebe zur Dichtung unerwidert.

Nichtsdestotrotz gründete ich während des Studiums sogar eine Vereinigung für angehende Dichter, und ich brachte einen Professor dazu, mit uns Studenten zu üben. Aber selbst Gedichte zu schreiben blieb für mich unerreichbar. Mit tiefem Bedauern gab ich es daher auf, Dichter zu werden. Doch die Liebe zur Dichtkunst begleitet mich durch mein ganzes Leben.

Und dieser Preis, der mir verliehen wurde, entfachte meine Liebe zur Lyrik von Neuem. Ich sammelte eine Gruppe von Bekannten um mich, die Gedichte genauso sehr liebten wie ich, und wir gründeten den *Yeti Poetry Recital Club*. Die Klubmitglieder treffen sich jeden Monat am zweiten Donnerstagabend, und alle rezitieren Gedichte, entweder Lieblingsgedichte oder auch eigene, und anschließend sprechen wir darüber. Außerdem fahren wir einmal im Monat nach Gwangmyeong in ein Waisenhaus und verbringen dort Zeit mit den Kindern. Unser Klub hat vor Kurzem den zwanzigsten Jahrestag seiner Gründung gefeiert.

Einige unserer Mitglieder veröffentlichen ihre Gedichte, aber die meisten gehen ganz normalen Berufen nach – sie haben also genau wie ich eine einseitige Liebesbeziehung zu Lyrik. Das gibt uns ein Gefühl der Zusammengehörigkeit, und wahrscheinlich fühle ich mich deshalb bei unseren Zusammenkünften so sehr zu Hause. Wenn ich zuhöre, wie die anderen ihre eigenen Gedichte vortragen, verspüre ich einen tiefen Frieden, und wenn ich im Klub meine eigenen Gedichte vorlese, fühle ich mich, als wäre ich tatsächlich selbst Dichter geworden. Im *Yeti Club* kann ich mich seit jeher entspannen und meine dichterische Empfindsamkeit pflegen. Diese Möglichkeit, einmal im Monat zum Dichter zu werden, schätze ich über die Maßen.

In der Arbeitswelt steht das, worin wir gut sind, im Schatten dessen, was wir eigentlich tun möchten. Das ist so, weil man im Beruf normalerweise miteinander konkurriert. Wenn man seinen Job liebt, ist das ein Pluspunkt, wichtiger ist jedoch die Kompetenz. So ist es eben. Wettbewerb bedeutet natürlich Stress, und hohe Erwartungen setzen uns unter Druck. Das gilt auch, wenn man es schafft, seinen Traumjob zu ergattern, denn schließlich ist und bleibt er doch nur ein Job. Wir brauchen also eine Tätigkeit, die wir genießen und bei der wir uns entspannen können, ohne Konkurrenz, ohne die Notwendigkeit, ständig besser zu werden. Das heißt, wir brauchen neben der bezahlten Arbeit noch eine weitere Beschäftigung – ein Hobby.

Nehmen Sie sich einen Moment Zeit, um auf Ihr Leben zurückzublicken. Wie wettbewerbsorientiert waren Sie? Von den vielen Jahren in der Schule, in denen man um gute Noten wetteiferte, um an einer guten Hochschule studieren zu können, bis zu den Bemühungen, einen guten Arbeitsplatz zu finden und weiterzukommen, mussten Sie immer mit anderen konkurrieren. Und da wir unser Leben lang ständig unter Konkurrenzdruck standen, bemühen wir uns, auch mit unseren Hobbys zu glänzen. Doch es ist unmöglich, in allem gut zu sein. Es reicht, wenn wir uns im Beruf bewähren. Alles andere brauchen wir nur zu genießen, und wir sollten uns auch nur so viel damit beschäftigen, wie es uns Freude macht. Ich bin im Gedichteschreiben nicht gut, aber es hat mir zwanzig Jahre lang ungetrübte Freude bereitet. Erleben Sie selbst, wie es ist, einfach das zu tun, woran Sie Vergnügen haben, ohne Konkurrenzdruck, und erfahren Sie, wie sehr das Ihr Leben bereichert.

Zurzeit habe ich zwei Hobbys. Das eine ist, dass ich mir Vorträge in der Buchhandlung Galdar anhöre, die sich auf wissenschaftliche Fachliteratur spezialisiert hat. Diesen unabhängigen Buchladen hat mein ältester Sohn – der Astronom – mit seinen Freunden gegründet, und ich wurde Teilhaber. Es ist ein wunderbares Projekt: Dort werden naturwissenschaftliche Bücher verkauft und Vorträge über wissenschaftliche Entdeckungen gehalten. Jedes Mal, wenn ich bei einem dieser Vorträge im Publikum sitze, staune ich wieder über die Wunder und Geheimnisse des Universums. Etwas Neues zu lernen macht mir ungeheure Freude, auch wenn andere sich vielleicht fragen, was ich in meinem hohen Alter noch mit all diesem neu erworbenen Wissen anfangen will. Aber was ist, wenn ich damit gar nichts anfange? Ist das schlimm? In meinem Alter darf ich so frei sein, das zu erkunden, was mir Vergnügen macht, ohne darüber nachdenken zu müssen, wie ich das gewonnene Wissen gewinnbringend einsetzen könnte.

Mein zweites Hobby sind die Briefmarken. Seit meinen ersten Nepalreisen habe ich eine ganze Menge davon gesammelt. Als ich eines Tages meine Sammlung durchsortierte, wurde mir klar, dass sie eine beträchtliche Größe angenommen hatte. Was sollte ich nun mit dieser Sammlung anfangen? Nach längerer Internetrecherche fand ich eine Vereinigung namens *The Association of Stamp Lovers*, einen Zusammenschluss von Briefmarkenfreunden. Nachdem ich Mitglied geworden war, organisierte ich lustige Quizrunden, bei denen man als Preis nepalesische Briefmarken gewinnen konnte. Nach nur wenigen Monaten war ich das bekannteste Mitglied in dieser Runde. Ich hatte als totaler Neuling angefangen, aber im Laufe von zwei Jahren lernte ich sehr viel über Briefmarken. Diese Erfahrung veranlasste mich, drei Bücher über nepalesische Briefmarken zusammenzustellen, und für eins davon erhielt ich 2018 anlässlich der Internationalen Asiatischen Briefmarkenausstellung in Bangkok einen Preis in der Kategorie Philatelistische Literatur. So viel Anerkennung und öffentliche Wertschätzung für ein Hobby, das ich mir zulegte, weil es mir im Alter Spaß macht – was für ein unverhofftes Glück!

Je älter man wird, desto mehr schrumpft naturgemäß die eigene Berufswelt. Falls Sie zu den Menschen gehören, die den Sinn Ihres Lebens ausschließlich in der Arbeit gesucht haben, machen Sie mit dem Eintritt in den Ruhestand möglicherweise eine heftige Identitätskrise durch, oder Sie haben sogar das Gefühl, nun vollkommen nutzlos geworden zu sein. Aber der Ruhestand bedeutet nicht das Ende der Welt. Um auch in dieser Phase mit beiden Beinen im Leben zu stehen, sollten Sie sich eine Welt aus vielseitigen Hobbys aufbauen. Je eher Sie damit beginnen, desto besser. Es ist jedoch nie zu spät, sich ein neues Hobby zuzulegen, auch im Ruhestand nicht. Ich selbst habe mein neues Hobby mit über achtzig entdeckt. Denken Sie daran, es gibt überhaupt keinen Leistungsdruck, wichtig ist nur, dass Sie Spaß daran haben. Bitte beherzigen Sie diesen Rat. Ich möchte gern, dass auch Sie das bereichernde Vergnügen erleben, das zu tun, was Sie lieben – einfach nur so, aus Spaß an der Freude.

FÜNFTER TEIL

Ab heute glücklich und zufrieden

1

Frieden schließen mit dem Unausweichlichen

Als mein Enkelsohn Mitte zwanzig war, fragte er mich einmal: «Opa, wenn man so alt ist wie du, was geht einem dann durch den Kopf? Das hat mich schon immer interessiert. Weißt du, ich habe ja noch einen langen Weg vor mir, bis ich mal so alt bin.»

Ich überlegte ein bisschen und gab dann zur Antwort: «Das interessiert dich also? Um ganz ehrlich zu sein, ich denke ständig an den Tod.»

Mein Enkel wirkte erschrocken. Diese Antwort hatte er wahrscheinlich nicht erwartet, denn er erlebte ja, mit wie viel Energie und Optimismus ich meinen Alltag gestaltete.

«Hast du Angst vor dem Tod, Opa?»

«Oh, selbstverständlich. Schließlich kann mir niemand sagen, wie der Tod ist. Und etwas nicht zu wissen, macht uns Angst. Aber ich bin natürlich nicht unsterblich, ob ich nun Angst vor dem Tod habe oder nicht. Jedes Leben muss irgendwann zu Ende gehen. Deswegen bemühe ich mich, jeden einzelnen Tag ganz auszukosten und nie zu vergessen, dankbar zu sein.»

Mein Enkel senkte nachdenklich den Kopf. Vermutlich verstand er das nicht, zumindest nicht ganz. Auch mir war in jungen Jahren die erschütternde Zwangsläufigkeit, dass auf das Leben der Tod folgt, noch recht fremd, jedenfalls sehr viel fremder als heute. Liebe Leserinnen und Leser, wir alle müssen entweder eine einschneidende Erfahrung machen oder viele Jahre leben, um diese Tatsache wirklich ernst zu nehmen.

Mein Vater starb, wie schon in einem früheren Kapitel erwähnt, mit neunundvierzig Jahren. Damals ging ich zur höheren Schule. Nach seinem Ableben quälte mich ständig eine irrationale, aber starke Angst vor dem Tod. Ich fürchtete, dass ich nicht älter werden würde als mein Vater. Ich leugnete diese Angst und verdrängte sie, und es dauerte lange, bis ich mich endlich damit auseinandersetzte. Als ich zum ersten Mal im Himalaja war, war ich neunundvierzig, also so alt, wie mein Vater gewesen war, als er starb. Man hatte mich als Mitglied einer wissenschaftlichen Organisation ausgesucht, um an dieser Expedition teilzunehmen, und nach dem Ende der Expedition entschied ich mich, noch weitere sechs Monate in Nepal zu bleiben und in den Bergen dort zu wandern. Während dieser Zeit bestieg ich zusammen mit einem Sherpa, der ein Zelt und weiter nichts trug, einen Fünftausender. Dabei stellte ich mich der Angst, der ich immer ausgewichen war: meiner Angst vor dem Tod. Wie verletzlich war ich doch, ein fragiler Mensch, der auf einen Berg im Himalaja kletterte. Ein falscher Schritt oder ein plötzlicher Wetterumschwung konnte mein Leben auf diesem erbarmungslosen Berg beenden. Als ich meiner Angst vor dem Tod ins Auge sah, wurde sie zu einer wichtigen philosophischen Konstante in meinem Leben.

Ich möchte Sie in die Vergangenheit mitnehmen, zurück zu einem Zeitpunkt, als der Tod schon bei mir anklopfte. Das war 2003, als ich als Arzt ehrenamtlich nach Nepal reiste. Auf einer Bergwanderung konnte ich plötzlich auf einem Auge nicht mehr sehen. Ich vermutete, dass es an der großen Höhe und der Klimaveränderung während der Wanderung lag oder aber an dem Stress, der mit der Verantwortung für meine Gruppe von Freiwilligen verbunden war. Später stellte sich allerdings heraus, dass in meinem Auge Blutgefäße geplatzt waren. Zurück in Südkorea wurde ich in einer Universitätsklinik notoperiert, aber mein Auge erholte sich nicht wieder. Während der Operation entdeckten die Ärzte jedoch eine angeborene Verengung von Blutgefäßen in meinem Herzen. Die Situation war so ernst, dass sofort eine weitere Operation angesetzt wurde. Bei diesem Eingriff musste eine Arterie aus meinem Arm entnommen und in mein Herz transplantiert werden – eine äußerst komplexe und schwierige Aufgabe. Meine Überlebenschancen standen tatsächlich fünfzig zu fünfzig. In dieser Situation entschied ich: Wenn ich diese große Operation überleben würde, würde ich mein restliches Leben als Zugabe betrachten. Ich würde mich nie mehr von Bedauern oder Begehrlichkeiten quälen lassen.

Ich bin dankbar dafür, dass die Operation erfolgreich war. Als ich wieder zu mir kam, war ich von unermesslicher Freude erfüllt über diese zweite Chance. Seitdem wache ich jeden Tag mit dem freudigen Gedanken auf: Was ist es doch für ein Wunder, dass mir ein weiterer Tag geschenkt wird, dass ich nicht in der Nacht gestorben bin! Ich habe gelernt, das Leben in seiner ganzen herrlichen Durchschnittlichkeit zu schätzen. Damit will ich nicht sagen, dass ich meine Angst vor dem Tod überwunden habe, aber ich gestatte dieser Angst nicht mehr, mich zu beherrschen.

2015, also zwölf Jahre später, war ich wieder mit der sehr realen Möglichkeit zu sterben konfrontiert. Ich rutschte auf dem Weg von unserer Wohnung nach draußen aus, stürzte und schlug hart mit dem Kopf auf. Während ich noch auf dem kalten Beton lag, griff ich mir mit zitternder Hand an den Kopf und spürte, dass der Schädel eingedrückt und voller Blut war. Im Krankenwagen dachte ich: Das ist das Ende. Das Wort Tod schwirrte mir durch den Kopf. Aber aus irgendeinem Grund verlor ich nicht die Fassung. Ich dachte sogar: Wie schade! Ich hätte nur noch einen Monat gebraucht, um mein Manuskript abzuschließen.

Seltsam, oder? Nachdem ich bis dahin so viel Angst vor dem Tod gehabt hatte, sah ich diesem Moment jetzt so gelassen entgegen, als hätte ich alles überwunden. Überraschenderweise jedoch stellte sich heraus, dass ich keine ernsthafte Hirnverletzung davongetragen hatte, sondern nur oberflächliche Wunden. Zwar war die Zeit im Krankenhaus mit oft fast unerträglichen Schmerzen und Unannehmlichkeiten verbunden, aber ich hatte das Glück, dass ich die Klinik lebend und wohlauf verlassen konnte. Ein weiteres Mal war mir das Leben neu geschenkt worden. Nachdem ich zweimal an der Schwelle des Todes gestanden habe, könnte ich jetzt sagen, dass ich praktisch wiedergeboren wurde und gerade erst neun Jahre alt bin.

Seit jeher spüre ich, dass der Tod ganz in der Nähe wartet. Manchmal wollte ich vor lauter Furcht fliehen. Aber niemand kann jemals sein Schicksal überlisten oder völlig frei von Todesfurcht sein. Erst als ich diese unabänderliche Tatsache akzeptierte, konnte ich meine Beziehung zum Leben verändern. Jeder einzelne Tag ist nun ein überraschendes Geschenk, und ich bin nach wie vor erstaunt, dass ich mehrmals so knapp davongekommen bin. Jetzt, zum Ende meines Lebens hin, verstehe ich es schließlich: Weil der Schatten des Todes immer so nah war, strahlte mein Leben umso heller.

Manche mögen mich fälschlicherweise für eine Art taoistischen Meister halten, für einen Erleuchteten, der angesichts des Todes keine Furcht verspürt. Aber ist das überhaupt möglich? Ja, ich weiß jetzt zu würdigen, welche Rolle der Tod dabei spielt, dieses liebe, kostbare Leben zu versüßen. Trotzdem ist die Aussicht, dass ich sterben werde, noch genauso erschreckend und fremd für mich wie früher – und dazu scheußlich konkret. Ich tue bloß mein Bestes, mich nicht ständig damit zu beschäftigen, denn es liegt nicht in meiner Macht, dieses menschliche Schicksal abzuwenden. Jeden Morgen folgt nach dem ersten Jubel über einen weiteren Tag unweigerlich der Gedanke an den Tod. Und dennoch schiebe ich ihn so weit fort, wie ich kann, und denke: Wie schön, wieder ein neuer Tag –

also los, hinein ins Vergnügen! Und mit dieser positiven Einstellung kann ich die Gedanken an den Tod tagsüber fernhalten. Dafür bin ich dankbar.

Als ich klein war, hatten ältere Verwandte mütterlicherseits einen maßgefertigten Sarg in einer Ecke ihres traditionellen koreanischen Wohnzimmers stehen. Sie legten sich immer wieder hinein. Es war ein Ritual, mit dessen Hilfe sie sich mit dem herannahenden Tod vertraut machten.

Dem Sterben und dem Tod zu entgehen ist unmöglich. Wir können bloß unser Bestes tun, um uns nicht von der Angst davor überwältigen zu lassen. Und wir können üben, dieses Schicksal demütig anzunehmen. Wenn wir uns weiterhin gegen den Tod wehren und wütend über dieses menschliche Schicksal sind, werden wir ständig frustriert sein, weil wir so machtlos dagegen sind. Letztlich werden wir mit dieser Haltung auch unseren Lieben wehtun. Im hohen Alter sollte man seine Angelegenheiten ordnen und friedliche letzte Tage genießen. Stattdessen besteht die Gefahr, dass man sich selbst quält, der Welt zürnt und boshaft zu anderen Menschen ist. Doch damit würde man nicht nur sich selbst übermäßigen Kummer zufügen, sondern auch dauerhafte Narben in den Herzen lieber Menschen hinterlassen, die einen in jedem Fall gehen lassen müssen.

Der wichtigste Gast, den Sie in Ihrem Leben begrüßen müssen, heißt Tod. Wir alle müssen uns darauf vorbereiten, diesen Gast willkommen zu heißen, Stück für Stück, Tag für Tag. Und wir können unseren Lieben kein schöneres Abschiedsgeschenk machen, als den Tod friedlich und als naturgegeben anzunehmen. Daher sorge ich dafür, dass ich mich auf den Tag vorbereite, an dem dieser Gast vor meiner Tür stehen wird, zwar erwartet, aber unangekündigt. Möge der Tag in Frieden kommen, und möge meine Familie mich liebevoll in Erinnerung behalten, wenn ich einst nicht mehr bin.

2

Dankbar sein für den Lebenspartner

Die Aussagen «Ich will nicht» und «Ich kann nicht» beinhalten beide eine Weigerung, allerdings in unterschiedlichen Nuancen. «Ich kann nicht», sagt man, wenn man die Weigerung klar begründen kann: «Ich kann nicht, weil ...» Daher nimmt die abgewiesene Person eine derartige Weigerung nicht persönlich, selbst dann nicht, wenn die Begründung sehr subjektiv und individuell ist. Aber «Ich möchte nicht» oder «Ich will nicht» basieren auf einem persönlichen Gefühl, daher wird eine derart formulierte Ablehnung eher als kränkend empfunden. Man will etwas nicht tun, weil man im Grunde keine Lust dazu hat.

Das Bedürfnis, von anderen akzeptiert und geliebt zu werden, ist universell. Folglich kennen wir alle die Angst davor, nicht gemocht oder abgelehnt zu werden. Eine Weigerung ist daher für beide Seiten problematisch, ob man dabei nun die passive oder die aktive Rolle spielt. Und sie kann auf beiden Seiten zu Verletzungen führen.

Das heißt nicht, dass man sich zu allem bereit erklären und niemals Nein sagen sollte. Nicht Nein sagen zu können, auch wenn es eindeutig nötig wäre, führt zu einer ganzen Reihe anderer Probleme. Um gute Beziehungen zu fördern, sollten Sie lernen, etwas auf die richtige Weise abzulehnen, und diese Fähigkeit weiter verfeinern. Daher betone ich immer wieder, wie wichtig es ist, von einem einfachen «Nein» zu einem abgemilderten «Ich kann nicht, weil» überzugehen. Eine solche Formulierung nennt Gründe und legt weniger Betonung auf die

Weigerung, sodass der oder die Abgewiesene sie – sofern die Gründe plausibel sind – leichter annehmen kann.

Aber wie heißt es im Koreanischen? «Selbst ein Mönch kann sich nicht den eigenen Kopf rasieren» – und so muss ich bekennen, dass ich in dieser Hinsicht durchaus nicht mit gutem Beispiel vorangegangen bin. Eines Tages fiel mir auf, dass ich meiner Frau gegenüber oft nicht sehr redselig war und mich mit «Ich will nicht» oder «Ich weiß nicht» oder «Nein» begnügte. Diese Sprachmuster erkannte ich erst, als meine Tochter einmal aus heiterem Himmel zu mir sagte: «Du bist heute richtig gesprächig, ganz anders als sonst!» Ich fuhr gerade mit ihr und ihrem Mann zu einem schönen Essen, zu dem ich die beiden eingeladen hatte. Daraufhin vermutete mein Schwiegersohn: «Das liegt vielleicht daran, dass deine Mutter nicht dabei ist, Schatz.»

Da wurde mir bewusst, dass sich die Antworten, die ich meiner Frau gab, normalerweise auf negative und recht knappe Aussagen beschränkten. Meinen Patienten und Studenten gegenüber betone ich seit jeher, wie wichtig es ist, mit Partnerinnen und Partnern nicht auf diese Weise zu kommunizieren, und bei mir selbst kam das auch nie gut an, aber meiner Frau gegenüber wiederholte ich ständig «Nein». Wie dumm von mir! Wie war es bloß dazu gekommen?

Als wir älter wurden und ich das Gefühl bekam, dass meine Frau in meinen Augen unwichtige Dinge zur Sprache brachte, gewöhnte ich mir diese «Nein»-Rhetorik an. Selbst wenn sie sich Sorgen um meine Gesundheit machte, tat ich das als Nörgelei ab und blendete ihre Worte aus. Ich dachte dann: Ach, schon wieder dieses Thema, antwortete nicht und ignorierte sie. Wenn ich gekränkt war, fauchte ich wie ein rebellischer Teenager: «Ich will aber nicht.»

Mein Verhalten war gar nicht so anders als das, was ich bei den zahlreichen Paaren beobachtete, die zu mir in die Eheberatung kamen, weil sie sich ständig zankten. Alle sagten: «Meine Partnerin wird sich niemals ändern. Wir streiten uns schon unsere ganze Ehe wegen dieser einen Sache», oder: «Mein Partner wurde einfach so geboren. Er kann sich nicht ändern. Ich bin hier die Blöde, weil ich immer noch an dieser Ehe festhalte!» Sie alle steckten ihre Partnerinnen und Partner in Schubladen. Sie glaubten, sie würden die anderen bestens kennen, hatten an allem, was sie taten, etwas auszusetzen, und weigerten sich zuzuhören, wenn der oder die andere versuchte, ein Gespräch in Gang zu bringen, denn sie rechneten damit, dass sie doch immer wieder nur das Gleiche hören würden. Diese Voreingenommenheit ließ allmählich eine Kluft zwischen den beiden entstehen, einen Abstand, der immer schwieriger zu überbrücken war. Zu oft habe ich beobachtet, wie Paare, die außerhalb einen tadellosen Ruf genossen, zu Hause wegen dieser Vorurteile Tag für Tag erbitterte Kämpfe ausfochten.

Den Partner oder die Partnerin in eine Schublade zu stecken ist eine Falle, in die Menschen in langjährigen Beziehungen häufig tappen. Im Laufe der Zeit verändert sich die Welt und mit ihr auch die Menschen, und die eigene Wahrnehmung des Partners oder der Partnerin hält da nicht immer Schritt. Es liegt in der Natur jeder Beziehung, dass die Neugier aufeinander im Laufe der Zeit abnimmt und man gleichgültiger wird. Und auch die Streitereien scheinen dem immer gleichen Muster zu folgen. Wenn die ganze aufgebaute Spannung sich dann irgendwann entlädt, denkt man vielleicht sogar an Trennung. Das ist wirklich schade – zwei Menschen, die sich zu Beginn ihrer Beziehung gegenseitig durch rosarote Brillen sahen und von ihrer gemeinsamen Zukunft träumten, sind nun erschöpft und wenden sich schließlich gegeneinander.

Wenn Sie die Kämpfe mit Ihrem Lieblingsmenschen satthaben, sollten Sie sich fragen, ob Sie ihn vielleicht ebenfalls in eine Schublade stecken. Ihre verzerrte Wahrnehmung ist vermutlich über einen langen Zeitraum hinweg entstanden, sie lässt sich daher nicht über Nacht ablegen. Um etwas daran zu ändern, sind bewusste Anstrengungen nötig, und ich empfehle die folgenden drei Schritte.

Erstens: Hören Sie Ihrem Partner oder Ihrer Partnerin zu und lassen Sie ihn oder sie aussprechen. Wenn ein Paar zur Eheberatung zu mir kommt, gebe ich den beiden immer als Hausaufgabe, in einem Gespräch abwechselnd das Wort zu ergreifen, und wenn einer der beiden spricht, muss der andere zuhören. Sonst unterbrechen die beiden sich mitten im Satz und bekommen vor Wut rote Köpfe.

Ein Hauptgrund dafür, dass Streitereien immer nach dem gleichen Muster ablaufen, ist die eigene emotionale Reaktion. Obwohl sie unterschiedlich beginnen, laufen die meisten Auseinandersetzungen auf das Gleiche hinaus, alter Groll wird wieder wach, und schließlich macht man sich gegenseitig Vorwürfe. Doch selbst wenn Ihre Partnerin oder Ihr Partner Sie im Streit ungerechtfertigt kritisiert, sollten Sie nicht gleich Ihrem Ärger Luft machen, sondern erst einmal zuhören. Behalten Sie Ihre Gefühle unter Kontrolle. Wenn Ihr Gegenüber einmal Dampf abgelassen hat, wird er oder sie viel gesprächsbereiter sein. Und erst dann beginnt die echte Auseinandersetzung. Wenn wir uns von unseren Emotionen beherrschen lassen, kommt es regelmäßig zu Streitereien, wenn wir jedoch gelassen bleiben und einen kühlen Kopf bewahren, können wir auch über die schwierigsten Themen miteinander sprechen.

Zweitens: Versuchen Sie, nicht zu viel zu analysieren. Bei einem Konflikt oder einem schwierigen Thema bemüht man sich vielleicht, die Wurzel des Problems zu ergründen. Aber glauben Sie mir, diese Vorgehensweise löst das Problem nur selten. Die Einstellung «Ich kenne dich am besten» ist oft bei Menschen zu beobachten, die ihre Partner gern genau unter die Lupe nehmen und kritisieren, ihre Fehler aufzählen und sie dann auffordern, sich zu ändern. Diese Menschen schieben in einer Partnerschaft schnell die Schuld auf den anderen, und das bringt niemanden weiter.

Wie gut kann man einen anderen Menschen wirklich verstehen, ganz gleich, wie lange man schon mit ihm zusammen ist? In Korea gibt es die Redensart: «Du kannst das Wasser zehn Meter tief ausloten, aber niemals den Verstand eines anderen Menschen.» Wir alle sind voreingenommen und können andere nur aus dem eigenen Blickwinkel betrachten. Was immer wir im Partner oder in der Partnerin zu sehen glauben, ist in Wirklichkeit nichts weiter als unsere eigene Interpretation dieses Menschen, beziehungsweise unsere Projektion. Daher sollte man den anderen niemals vorschnell beurteilen oder versuchen, ihn oder sie den eigenen Bedürfnissen anzupassen.

Und selbst wenn man in einigen Punkten recht hat, was nützt das? Menschen verändern sich nicht so leicht. Veranlagung, familiäre Beziehungen und das gesellschaftliche Umfeld – all das beeinflusst die Persönlichkeit eines Menschen, und diese wiederum ist unauflöslich mit seinem bisherigen Lebensweg verknüpft. Eine Persönlichkeit, die über Jahrzehnte hinweg geformt wurde, lässt sich nicht über Nacht verändern. Und was ist es für eine Tragödie, wenn jemand dennoch zehn oder zwanzig Jahre lang versucht, den Partner oder die Partnerin umzumodeln, und beide schließlich böse aufeinander sind!

Sie brauchen den Menschen an Ihrer Seite nicht von Grund auf zu verstehen, aber Sie müssen ihn akzeptieren. Überlegen Sie einmal: Hatten Sie sich nicht unter anderem für die Ehe entschieden, weil Sie sichergehen wollten, dass immer jemand an Ihrer Seite sein würde? Und hatten Sie sich nicht gewünscht, dass Sie in der Ehe so akzeptiert werden, wie Sie sind? Akzeptieren Sie Ihren Partner oder Ihre Partnerin genauso, wie Sie selbst akzeptiert werden möchten, bevor Sie sich beklagen, dass er oder sie sich nicht verändert. Wenn Sie Ihre Voreingenommenheit nicht ablegen, wenn Sie kritisch bleiben und sich weigern, die andere Person so anzunehmen, wie sie ist, dann werden Sie immer weitere Konflikte heraufbeschwören.

Drittens: Wählen Sie Ihre Worte sorgfältiger. Von Beginn unserer Ehe an hielten meine Frau und ich uns an die Regel, dass wir, wenn ein Streit auszubrechen drohte, einen Moment innehielten und uns anerkennende Worte sagten. Wenn man sich selbst beruhigen und einen Schritt zurücktreten möchte, sind Lob oder Anerkennung äußerst wirksam. Erst danach sollte man sich noch einmal anschauen, worum es eigentlich geht. Und natürlich ist es auch nicht gerade einfach, mit Beschimpfungen um sich zu werfen, wenn das Gegenüber einem gerade anerkennende Worte gesagt hat. Respekt, Lob und Anerkennung schaffen eine deutliche Veränderung in Wortwahl und Tonfall und bestimmen damit den Ton des folgenden Gespräches. In den meisten Sprachen gibt es Möglichkeiten, Respekt vor dem Gegenüber auszudrücken, und ich empfehle es, solche Höflichkeitsformen einzusetzen, wenn ein Streit droht. Diese Methode hilft auch, die eigene Selbstachtung wiederzugewinnen, die in all den Zankereien vielleicht Schaden genommen hat – Menschen, die sich selbst achten, können sich auch gegenseitig respektieren.

Als mir bewusst wurde, wie ich meine Frau behandelte, wandte ich diese drei Empfehlungen sofort in meiner eigenen Ehe an. Erstens hörte ich meiner Frau zu, ganz egal, wie ärgerlich ich gerade war. Zweitens akzeptierte ich sie so, wie sie war. Und drittens erklärte ich ihr, statt schroff «Nein» zu sagen, warum ich etwas nicht konnte oder nicht wollte. In dieser Weise reagierte ich auch auf ihre besorgten Fragen, die ich vorher als «Genörgel» abgetan hatte. Wenn ich diese drei Punkte beherzigte, warf meine Frau mir einen kurzen Blick zu und bremste sich dann auch selbst. Was ich mit allen meinen ablehnenden und zurückweisenden Äußerungen nicht hatte verhindern kön-

nen, verschwand ganz einfach durch meine respektvolle Rede-
weise. Und natürlich können diese drei Empfehlungen auch
außerhalb der Partnerschaft nützlich sein.

Ich schaue auf die vielen Jahre zurück, die ich mit meiner
Frau zusammen verbracht habe. Das freche Mädchen, die in-
telligente Studentin, die starke Mutter von vier Kindern, die
angesehene Soziologin und die weißhaarige Großmutter – all
diese bunten Geschichten sind im Gesicht meiner Frau vereint.
Wenn das Leben einer Frau so vielfältig sein kann, wie kann
ich dann annehmen, dass ich sie wirklich gut kenne? Im Alter
sind unsere Partnerinnen oder Partner unsere besten Freunde.
Und bevor Sie diesen unersetzlichen Menschen verlieren, sollten Sie sich überlegen, ob Sie ihm nicht durch Ihr vorschnelles
Urteilen und Kritisieren unrecht getan haben.

3

Vom Segen des Nichtwissens

Vor einigen Monaten schloss ein Café, in dem ich in den vergangenen drei Jahren regelmäßig zu Gast war. Es war ein behagliches, schönes Café, und die Besitzerin arbeitete dort allein, ohne jegliches Personal. Wie um das gemütliche Ambiente zu vervollständigen, waren auf Regalen gestrickte Objekte und Kaffeetassen ausgestellt, welche die Besitzerin selbst angefertigt hatte und die von ihrem guten Geschmack zeugten. Sobald ich dort Platz nahm, fühlte ich mich wie zu Hause. Es war auch mein Lieblingsort für zwanglose Treffen, und wenn eine Veranstaltung bei der *Family Academia* zu Ende war, gingen wir oft mit einer ganzen Gruppe dorthin, um Tee oder Kaffee zu trinken.

Die Besitzerin hatte lange im Ausland gelebt und dann nach ihrer Rückkehr nach Korea das Café eröffnet. Nun hatte sie sich jedoch entschieden, wieder fortzuziehen, daher wurde das Café geschlossen. Sie sagte, es täte ihr sehr leid, dass sie schließen und ihre treuen Stammgäste enttäuschen würde. Aber auch bei mir regte sich jetzt das Gewissen: In den vergangenen drei Jahren hatte ich mir nie Gedanken über den Namen des Cafés gemacht! Alle nannten es «Das weiße Café auf dem Hügel», daher hatte es für mich keinen Anlass gegeben, mich näher mit dem eigentlichen Namen zu beschäftigen. Nach einigem Zögern fragte ich die Besitzerin: «Entschuldigen Sie, aber könnten Sie mir den Namen Ihres Cafés erläutern?»

«Es heißt Casa de Gina. Casa heißt auf Spanisch Haus, und Gina ist mein spanischer Name.»

In mir kam ein leises Bedauern auf, dass ich sie nicht früher danach gefragt hatte. Nach kurzem Schweigen stellte die Besitzerin mir auch eine Frage, so als hätte sie das schon längst wissen wollen:

«Warum bestellen Sie eigentlich immer Cappuccino?»

An diesem Punkt muss ich gestehen: Ich habe keine Ahnung von Kaffee. Etwa drei Jahrzehnte lang, von meiner ersten Arbeitsstelle bis zum Ruhestand, habe ich nur Pulverkaffee getrunken. Doch nach und nach sah ich, dass man Kaffee aus verschiedenen Herkunftsländern und von verschiedenen Firmen kaufen konnte. Cafés entstanden, die mehr als zwanzig verschiedene Kaffeezubereitungen anboten, sodass mir ganz schwindlig wurde. Da ich kein Kenner koffeinhaltiger Getränke bin, entschied ich mich immer für Cappuccino, einfach wegen des Zimtpuders auf dem Milchschaum, und bis heute ist das meine übliche Wahl.

Ich erzählte der Cafébesitzerin: «In der Grundschule hatte ich einen Klassenkameraden, dessen Vater mit Kräutern und Gewürzen handelte, und dieser Junge brachte jeden Tag eine Handvoll Zimt mit in die Schule und verteilte ihn in der Klasse. Das war zur Zeit der japanischen Kolonialherrschaft, als wir alle in Armut lebten. Sie können sich also vorstellen, was für eine Leckerei der Zimt für uns war. Der Geschmack war unvergesslich.»

Ich fand es absurd, dass ich mir den Namen des Cafés, das ich drei Jahre lang besucht hatte, erst kurz vor dessen Schließung bewusst gemacht hatte und nichts über mein Lieblingsgenussgift, den Cappuccino, wusste, bis auf die Tatsache, dass man ihn mit Zimt bestreuen konnte. Das musste ich ändern, daher forschte ich zu Hause nach dem Ursprung des Cappuccino. Es stellte sich heraus, dass die Bezeichnung im Zusammenhang mit dem franziskanischen Orden der Minderen Brüder Kapuziner entstanden war. Die Ordensbrüder trugen ein

Habit mit Kapuzen, *cappuccio* auf Italienisch, und der Cappuccino wurde nach den Kapuzen benannt, weil der braune Milchschaum auf dem Getränk der Farbe des Habits ähnelte.

Endlich kannte ich den Namen des Cafés und seine Bedeutung und wusste, woher der Cappuccino seinen Namen hat, aber nun würde es mein Lieblingscafé bald nicht mehr geben. Man sagt ja, dass man eine Jugendliebe erst im Rückblick erkennt – dass man erst weiß, was man hatte, wenn es verschwunden ist. Vermutlich fügen sich manche Dinge im Leben nicht so, wie sie sollten – manchmal kommen wir einfach einen Tick zu spät.

So ist das Leben seit jeher, oder nicht? Die Einsichten, die ich in Krisenzeiten gebraucht hätte, hatte ich immer erst später. Ein guter Vater zu sein lernte ich erst, als meine Kinder alle erwachsen waren. Das Haar meiner Frau war schon schneeweiß, als ich endlich lernte, ihr zu sagen, wie dankbar ich für sie bin. Jetzt bin ich so alt, wie meine Mutter war, als sie starb, und endlich verstehe ich, welchen körperlichen und emotionalen Belastungen sie im hohen Alter ausgesetzt gewesen sein muss. Ich spüre die vertraute Empfindung: «Hätte ich das doch bloß damals schon gewusst!» Hätte ich dann nicht so schwer an der Last von Reue und Bedauern zu tragen?

Aber manchmal frage ich mich auch, ob ich tatsächlich bessere Entscheidungen treffen oder ein besseres Leben führen würde, wenn ich fünfzig Jahre zurückgehen könnte. Mein Nachdenken endet immer mit Kopfschütteln: Nein. Mehr Wissen bedeutet nicht zwangsläufig ein besseres Leben. Ehrlicherweise muss ich sagen, dass mein Unwissen mir manchmal erlaubte, mutig zu sein, und weil ich keinen Platz in der Welt hatte, kämpfte ich immer weiter darum. Weil ich nicht sehen konnte, wie viel Kummer vor mir lag, konnte ich mich kopfüber ins Leben stürzen, und weil ich nicht wusste, welche Misserfolge mich erwarteten, nahm ich eine Herausforderung nach der anderen an. Hätte ich im Vorhinein gewusst, was auf mich zukommen würde, hätte ich dann so leichtsinnig, beharrlich und lebensfroh sein können? Hätte ich meine Tage nicht resigniert und depressiv verbracht und mich gefürchtet, irgendetwas auszuprobieren?

Was gibt uns Menschen Kraft? Ich glaube, es ist die Hoffnung, dass das Morgen besser sein wird als das Heute. Diese Hoffnung hält uns am Leben. Und Hoffnung erwächst aus dem Nichtwissen. Wir kennen den heutigen Tag, nicht aber den morgigen. Daher bemühen wir uns, das Morgen in eine bessere Richtung zu steuern. In der Hoffnung, dass das gelingt, kämpfen wir gegen Verzweiflung und Wut. Man sollte die Kraft des Nichtwissens nicht unterschätzen! Wir haben uns alle so angestrengt, weil wir nicht wussten, was die Zukunft für uns bereithielt, und hier sind wir nun und leben unsere Gegenwart.

Im hohen Alter neigen viele Menschen dazu, bedrückt und resigniert zu sein, so als wüssten sie jetzt alles, was es zu wissen gibt. Sie beklagen sich, dass nichts Neues mehr kommen wird, dass die Zukunft nicht mehr viele Überraschungen für sie bereithalten wird. Doch ganz gleich, wie alt wir sind, die Lebensphase, die wir gerade durchmachen, ist immer neu für uns. Ich bin in diesem Jahr siebenundachtzig geworden, aber ich habe noch nie das Leben eines Siebenundachtzigjährigen gelebt. Damit will ich sagen, in Bezug auf das geheimnisvolle Land namens Morgen geht es mir genauso wie einem deutlich jüngeren Menschen – ich weiß nichts darüber. Ich ermutige Sie daher, neugierig zu bleiben, solange Sie atmen. Haben Sie keine Angst, Neues auszuprobieren und sich Herausforderungen zu stellen, wie klein oder wie groß sie auch sein mögen. Nur so können wir Menschen leben, denn unsere Zukunft kennen wir nicht.

Trotzdem überkommt Sie vielleicht irgendwann Bedauern, und Sie wiederholen das alte Mantra: «Hätte ich das doch bloß damals schon gewusst!» Vergessen Sie dann bitte nicht, dass das einfach ein Echo des Lebens ist, das Sie so gut gelebt haben, wie Sie konnten. Und denken Sie auch daran: Selbst wenn Sie es damals gewusst hätten, hätte das vielleicht überhaupt nichts geändert.

4

....

Die Welt ist klein

Wie viele Personen sind nötig, um zwei Menschen, die sich nicht kennen und weit entfernt voneinander leben, miteinander in Kontakt zu bringen? Diese interessante Frage stellte sich 1967 der US-amerikanische Psychologe Stanley Milgram. Das Ergebnis seiner Untersuchung wird heute als das Kleine-Welt-Phänomen bezeichnet. Es stellte sich nämlich heraus, dass dazu in vielen Fällen eine Kette von sechs Menschen ausreicht. Zugespitzt könnte man sagen: Alle Menschen auf der Welt sind in gewisser Weise über sechs Ecken miteinander befreundet.

In unseren Zeiten des Highspeed-Internets wurde diese Theorie bestätigt. 2006 analysierten Mitarbeiter von Microsoft die Verbindungen von 240 Millionen Messenger-Accounts und kamen zu dem Ergebnis, dass die einzelnen Nutzer sich in fast der Hälfte der Fälle über 6,6 Ecken kannten. 2016 stellte Facebook in einer Untersuchung fest, dass manchmal sogar nur eine Kette von drei Kontakten nötig war, um sich mit einer Person zu verbinden. Wie auch immer, es wird klar, dass unsere Welt kleiner ist, als wir vielleicht glauben.

Ich selbst konnte bei einer ganzen Reihe von Gelegenheiten erfahren, dass die Welt ein Dorf ist. Da ich selbst kein Auto besitze, fahre ich oft mit dem Taxi, und dabei treffe ich immer wieder unerwartet auf alte Bekannte. Einmal fragte mich ein Taxifahrer, der ungefähr in meinem Alter sein musste, ob ich zufällig aus Daegu käme. Wahrscheinlich hatte er den Dialekt meiner Heimatstadt wiedererkannt. Als ich sagte, ich sei tatsächlich in Daegu geboren und aufgewachsen, fragte er mich: «Kennen Sie zufällig den Soundso?»

Selbstverständlich kannte ich diesen Soundso. Während meiner Schulzeit war er ein berüchtigter Schläger in meiner Heimatstadt gewesen. Er war für seine Schnelligkeit und Unerbittlichkeit bekannt, und auf der Straße erzählte man sich, selbst Gangster aus anderen Orten hätten ihn noch nie besiegt.

«Ja, natürlich – der war in ganz Daegu bekannt. Mich hat er einmal in einer kleinen Gasse verprügelt.»

In der Mittelschule war ich groß für mein Alter und für Schläger wie ihn ein leichtes Ziel. Nachdem ich mehrmals Prügel eingesteckt hatte, lernte ich sogar Karate.

«O Mann, Sie können sich gar nicht vorstellen, wie leid mir das tut. Ich bin nämlich dieser Soundso. Ich habe in meiner Jugend schlimme Dummheiten begangen. Aber inzwischen habe ich mein Leben vollkommen geändert. Jetzt verdiene ich meinen Lebensunterhalt auf ehrliche Weise.»

Was für ein Zufall! Ich musste lachen – ich hatte gedacht, ich würde ihn nie wieder sehen, aber eine Laune des Schicksals hatte mich neben diesen Mann, der mich früher verprügelt hatte, ins Auto gesetzt. Als wir am Ziel waren und ich bezahlen wollte, weigerte er sich, Geld von mir anzunehmen, und wiederholte seine Entschuldigung. Er sagte, ihm sei eine große Last von den Schultern genommen worden, weil er mir wiederbegegnet war und sich endlich hatte entschuldigen können. Dann verschwand er genauso schnell wie in alten Tagen.

Ich möchte Ihnen eine weitere denkwürdige Kleine-Welt-Begegnung mit einem Taxifahrer schildern. Einmal rief ich in der Nähe von Gwanghwamun ein Taxi nach Dongdaemun, und der junge Fahrer sprudelte los: «Wollen Sie vielleicht zufällig zum Ewha Hospital?»

Woher wusste der Fahrer das bloß? Ich hatte keine Ahnung, bis er es mir schließlich erklärte. Er war Soldat gewesen, und ich hatte ihn in meiner Zeit als Militärarzt behandelt, woraufhin er gesund zu seiner Einheit zurückgekehrt war. Auf der Fahrt unterhielten wir uns angeregt über die gute alte Zeit. Als wir in Dongdaemun ankamen, weigerte sich auch dieser Taxifahrer, Geld von mir anzunehmen. Aber ich drückte ihm den Fahrpreis und noch ein paar Scheine mehr in die Hand und entfernte mich schnell, bevor er weiter protestieren konnte.

Überlegen Sie einmal: Was meinen Sie, was passiert wäre, wenn ich diesen Mann damals beim Militär falsch behandelt hätte, weil er bloß einer von vielen Patienten war? Was wäre gewesen, wenn ich ihm geschadet hätte? Vermutlich hätte diese Geschichte dann ganz anders geendet – bei dem Gedanken läuft es mir kalt den Rücken hinunter. Was für ein Glück also, dass ich ihm damals helfen konnte und wir uns beide über unser zufälliges Wiedersehen freuen konnten. Erneut wurde mir bewusst, wie wichtig es ist, alle Menschen, die mir im Leben begegnen, gut zu behandeln.

Gapjil ist zurzeit ein heißes Eisen in Südkorea. Der Begriff verweist auf missbräuchliches Verhalten von Vorgesetzten ihren Untergebenen gegenüber. In besonders schweren Fällen kommt es dabei zu physischer und verbaler Gewalt. Warum behandeln manche Menschen andere schlecht und sehen auf sie hinab? Wahrscheinlich liegt es daran, dass sie sie nur als Mittel zum Zweck betrachten. Hilfsmittel und Werkzeuge kann man leicht entsorgen und ersetzen, wenn sie sich dem eigenen Willen nicht beugen wollen.

Menschen nur als Werkzeuge, als Ding zu betrachten ist in unserer Gesellschaft weit verbreitet. Das hört bei *gapjil* nicht auf, sondern erstreckt sich auch auf die strenge Beurteilung der jüngeren Generation allein anhand ihrer Lebensläufe, unangekündigte Massenentlassungen, sexuelle Übergriffe im gesamten Land oder Beschimpfungen von Callcenter-Angestellten; alles das sind Anzeichen für gefährlich verkümmernde Menschlichkeit. Solche Probleme entstehen, wenn man andere Leute nicht mehr als gleichwertige Menschen betrachtet.

Obwohl unsere Gesellschaft vor diesen Problemen bisher die Augen verschließt, ist es an der Zeit, dass wir alle darüber nachdenken, wie wir unsere kollektive Menschlichkeit, Freundlichkeit und Güte wiedergewinnen können. Wir stürzen uns in einen teuflischen Wettkampf um Positionen, Status und Wohlstand, obwohl das wirklich dringende Thema der Gegenwart die Frage ist, wie wir unsere Gesellschaft zu einem lebenswerten Ort für alle machen können. Anstand und Umgangsformen nicht zu vergessen ist das Mindeste, was wir füreinander tun können.

Wer mich kennt, weiß, wie sehr ich den koreanischen Begriff *inyeon* schätze. Er bezeichnet die menschlichen Beziehungen, die uns verbinden. Menschliche Beziehungen sind, so wie Milgram es in seinem Kleine-Welt-Experiment entdeckte, wie ineinander verschlungene Ranken. Über diese sozialen Verflechtungen beeinflussen wir uns gegenseitig. Wir wissen nie, auf welche Weise die Konsequenzen der eigenen Handlungen uns einholen. Wie hätte ich jemals ahnen können, dass ich eines Tages in ein Taxi steigen würde, dessen Fahrer mich vor vierzig Jahren zusammengeschlagen hatte? Und wie hätte der frühere Schläger das voraussehen können? Wenn man die schlichte Wahrheit von *inyeon* im Sinn behält, die Verflechtung der menschlichen Beziehungen, wird man gar nicht auf die Idee kommen, anderen Menschen gegenüber unfreundlich zu sein.

Ein koreanisches Sprichwort sagt: «Selbst ein kleiner Stein, gegen den die Schuhspitze stößt, ist eine Fügung des Schicksals.» Wenn bereits ein Steinchen vor dem Fuß eine Schicksalsfügung ist, welche Bedeutung haben dann erst menschliche Beziehungen? Seien Sie freundlich zu den Menschen, die in Ihr

Leben treten. Und denken Sie daran – diese Welt ist ein Dorf. Rücksichtslose oder unfreundliche Handlungen werden nicht einfach vergessen.

5

....

Der Gemeinschaft etwas zurückgeben

Wenn ich auf mein Leben zurückblicke, wird mir klar, dass ich sehr viele gute Menschen kennengelernt habe», sagte ein Professor einmal bei einem Vortrag für unsere Mitglieder der *Family Academia*. Er hatte sich diese Menschen nicht bewusst ausgesucht, sondern sie waren ihm im Laufe der Jahre zufällig begegnet, und er nannte sich deshalb selbst in aller Bescheidenheit einen Glückspilz. Aber ich wusste natürlich, dass es seine liebenswürdige Persönlichkeit und sein herzliches, großzügiges Lächeln waren, die zu diesen schönen Verbindungen geführt hatten.

Niemand steht in dieser Welt allein da. Der Reis, den wir gedankenlos hinunterschlingen, ist durch sehr viele Hände gegangen, bis er auf den Tisch gelangte – und wie viele Begegnungen von Mensch zu Mensch finden im Laufe eines Lebens statt? Eltern, Lehrer, Freunde und zahllose andere Personen haben meinen Weg gekreuzt und mich zu dem Menschen geformt, der ich heute bin. Wenn ich mir überlege, wie sehr wir alle miteinander verbunden sind, wird mir bewusst, dass ich zweifellos allen Menschen etwas schuldig bin. Deswegen kann ich nicht genug betonen, wie wichtig es ist zu teilen und der Gemeinschaft etwas zurückzugeben.

1989 begann ich mit der ehrenamtlichen Arbeit in Nepal. Meine ursprüngliche Motivation war meine Liebe zu den Bergen, denn ich hatte schon immer vom Himalaja geträumt. Als ich dann 1982 zum ersten Mal nach Nepal reiste, war ich bald von der Spiritualität der nepalesischen Kultur begeistert. Ich lernte so viel in meiner Zeit in Nepal, dass ich überlegte, was ich tun könnte, um mich für diese großzügigen Gaben zu revanchieren. Mein Fachgebiet ist natürlich die Medizin, daher gründete ich die Ewha Medical Volunteer Group, wie schon in einem früheren Kapitel erwähnt, und dreizehn Jahre lang – bis ich 2011 in den Ruhestand ging – reiste ich in den Winterferien nach Nepal, um dort in entlegenen Gebieten kostenlose medizinische Versorgung anzubieten.

Eine weitere Säule meiner ehrenamtlichen Tätigkeit ist die Unterstützung des Waisenhauses in Gwangmyeong. Den ersten Kontakt zu diesem Waisenhaus stellte meine Mutter her, die für ihr mitfühlendes Herz bekannt war. Sie kümmerte sich um Kriegswaisen, die dem Waisenhaus während des Koreakrieges von Flüchtlingen anvertraut wurden. Als Militärarzt war ich später zufällig in der Nähe stationiert, und seitdem arbeite ich ehrenamtlich für dieses Waisenhaus.

Ich wollte tun, was mir als Arzt möglich war, um die Waisenkinder in ihrem Kummer und Schmerz zu erreichen und ihnen zu helfen. So wurde die Idee des Muha Cultural Sarangbang[4] geboren, das den Kindern künstlerische Aktivitäten und Bildungsprogramme anbieten sollte.

Manche Menschen loben mich für mein langjähriges ehrenamtliches Engagement. Doch ich hatte das gar nicht so geplant, daher antworte ich auf die freundlichen Worte normalerweise, es habe sich einfach so ergeben. Ich liebte Nepal, und der einzige bedeutende Beitrag, den ich dort leisten konnte, bestand darin, meine medizinischen Kenntnisse und Fähigkeiten einzusetzen. Den Kriegswaisen über künstlerische Betätigung Trost anzubieten, war das Beste, was ich tun konnte. Zum Glück kannte ich viele Dichter und bildende Künstler, die mich dabei unterstützen konnten, denn ich hatte die Kunstszene immer eifrig verfolgt. Ich half also nur, diese verschiedenen Puzzleteile zusammenzusetzen. Immer wieder tat ich einfach nur das, was mir gerade möglich war, ohne große Pläne für meine Ehrenämter zu machen oder mich ein Leben lang dazu zu verpflichten. Daher nehme ich das Lob, das ich oft dafür erhalte, voller Bescheidenheit entgegen.

Ich bin der Ansicht, dass alle Menschen lernen sollten zu teilen. Das muss nicht viel sein. Man braucht nicht unendlich viel Zeit in ein Ehrenamt zu stecken und auch keine großen Geldsummen zu verschenken. Teilen muss nicht schwierig sein. Geld zu spenden kann man aufschieben, bis man finanziell auf sicheren Füßen steht und genug verdient. Zumal Geld nicht das Einzige ist, was man verschenken kann. Wenn Sie ein wenig überlegen, fallen Ihnen bestimmt auch noch andere Möglichkeiten ein, wie Sie Ihrer Gemeinschaft etwas zurückgeben können.

Eines Tages nahm ich ein Taxi, und der Fahrer fragte mich, wie alt ich sei. Ich hatte gerade Lust, einen kleinen Scherz zu machen, und sagte ihm stattdessen mein Geburtsjahr, 1935. Nachdem er einen Moment lang schweigend gerechnet hatte, sagte der Taxifahrer: «Das sieht man Ihnen gar nicht an! Sie sehen großartig aus!» Ich lachte im Stillen. Ich sollte großartig aussehen? Mit allen meinen Krankheiten? Das konnte er nicht ernst gemeint haben. Er hatte mir einfach etwas Nettes sagen wollen. Seine freundliche Geste rührte mich, und ich antwortete: «Vielen Dank für das Kompliment.»

Unterwegs erzählte der Fahrer mir von seinem verstorbenen Vater. Als ich aussteigen musste und ihm meine Kreditkarte reichte, schüttelte er den Kopf und sagte: «Mein Vater ist mit einundachtzig gestorben. Ich wünschte, ich hätte ihn besser behandelt, als er noch lebte. Deswegen habe ich es mir zur Regel gemacht, von Kunden über einundachtzig kein Geld anzunehmen.» Das berührte mich – er ehrte seinen Vater, indem er zu alten Menschen freundlich war. Er hatte sich eine ganz persönliche, wunderbare Art ausgedacht, wie er im Rahmen seiner Möglichkeiten etwas geben konnte.

Und noch eine Taxigeschichte: Als ich noch an der Korea University lehrte, nahm ich einmal in der Nähe des Ewha Womans University Hospital ein Taxi. Der Fahrer, der sehr jung wirkte, fragte mich, wo ich hinwolle.

«Zur Korea University.»

«Oh, Sie wollen zum Campus? Bitte sagen Sie mir, zu welchem Gebäude, dann bringe ich Sie direkt bis vor die Tür.»

Wie nett von ihm! Der Fahrer fand sich mühelos auf dem Campusgelände zurecht und hielt an meinem Ziel. Ich reichte ihm das Fahrgeld, doch er wollte es nicht nehmen. Wie sich herausstellte, studierte er selbst hier, und er sagte, er könne unter keinen Umständen von einem Professor Geld nehmen, der an seiner Uni lehrte. Er arbeitete in den Semesterferien, um das Geld für die Studiengebühren zu verdienen. Wieder war ich tief berührt von der Großzügigkeit dieses jungen Mannes, der selbst als arbeitender Student etwas abgab. Ich schob ihm daher mehr als den Fahrpreis in die Hand und entfernte mich rasch.

Im Buddhismus spricht man von sieben immateriellen Geschenken. Dazu gehören ein liebevoller, tröstender Blick, ein mitfühlendes Lächeln, höfliche und schöne Worte, freundliche Handlungen, ein sanftes, verständnisvolles Herz, die Großzügigkeit, anderen bequeme Sitzmöglichkeiten anzubieten, und die Freundlichkeit, anderen ein Nachtlager zu überlassen. Denken Sie darüber nach, liebe Leserinnen und Leser. Waren es nicht immer die ganz kleinen freundlichen Gesten, die Sie überraschten und bewegten? Schenken Sie anderen Menschen das, was Sie sich selbst von ihnen wünschen.

Überlegen Sie aber nicht zu viel, sondern fangen Sie einfach klein an. Ehrenamtliche Arbeit unterscheidet sich nicht von anderen Tätigkeiten. Und man muss wahrhaftig nicht reich sein oder viel Zeit zur Verfügung haben, um der Gemeinschaft etwas zurückgeben zu können. Sicherlich lässt sich etwas finden, das Sie abgeben oder das Sie tun können. Der Weg zum sinnvollen Teilen beginnt damit, dass man erkennt, mit welchen kleinen Gaben oder Tätigkeiten man anderen Menschen jetzt, in diesem Moment, eine Freude bereiten kann.

6

....

Ein einfaches Leben führen

Ich möchte ehrlich sein – ich wurde als einziger Sohn in eine wohlhabende Familie hineingeboren. In meiner Kindheit fehlte es mir an nichts. Wahrscheinlich ist das der Grund, warum ich von Gelddingen immer noch keine Ahnung habe und warum sie mir auch ziemlich egal sind. Solange ich denken kann, hat Geld nie Macht über mich gehabt; der Gedanke daran trieb mich nicht in den Wahnsinn. Als die Firma unserer Familie Bankrott machte und mein Vater bald darauf starb, waren wir so arm, dass wir nicht wussten, wo wir die nächste Mahlzeit herbekommen sollten. Aber meine Mutter sagte mir – ich ging damals zur höheren Schule –, ich solle mich auf das Lernen konzentrieren. Obwohl meine Familie also finanziell in Not war, befasste ich mich nicht mit Geldangelegenheiten.

Während meiner Studienzeit schleppte unser Vermieter Säcke mit Gerümpel vom US-amerikanischen Stützpunkt heran, legte alles im Vorgarten aus, sortierte es und verkaufte, was noch brauchbar war. Alle, die durch unsere Pforte kamen, konnten den Müll riechen, und unser Haus war voller Fliegen. Meine Schwester schämte sich deswegen so sehr, dass sie fast nie Freundinnen mit nach Hause brachte. Aber ich dachte nicht viel darüber nach und lud sogar meine Kommilitonen ein, so wenig Gedanken machte ich mir über Geld oder über Armut. Das ist vermutlich auch der Grund, weswegen ich damals den Mut hatte, meiner zukünftigen Frau einen Heiratsantrag zu machen. Ich steckte bis zum Hals in Schulden, aber ich nahm ganz unbekümmert an, dass ich da schon irgendwie rauskommen würde.

In den ersten Jahren unserer Ehe mieteten meine Frau und ich ein kleines Zimmer im Haus eines Bankfilialleiters im Stadtteil Yongdu in Seoul, und dort wurde auch unser erstes Kind geboren. Als mein Sohn laufen konnte, spielte er gern im Vorgarten. Eines Tages zog er eine Linie durch den Vorgarten und sagte, niemand dürfe diese Linie übertreten. Ich fragte ihn, warum nicht, und er sagte, die andere Seite gehöre dem Hausbesitzer. Dass er sich in diesem Alter schon Gedanken über Besitz machte, erstaunte mich sehr! Es tat mir im Herzen weh – an diesem Tag war ich ein sehr trauriger Vater.

Trotzdem dachte ich merkwürdigerweise nie daran, mehr Geld zu verdienen, um meinem Sohn ein besseres Zuhause bieten zu können. Stattdessen überlegte ich mir, wie ich ihm das Leben mit dem, was wir bereits hatten, verschönern könnte. Ausgefallenes Spielzeug oder einen teuren Buggy konnte ich mir nicht leisten, aber ich hatte eine Idee: Ich heftete Papierbögen an die Wände unseres Zimmers und legte auch welche auf dem Fußboden aus, und darauf malte ich ein Haus, Berge, ein Fahrrad, mich, meine Frau und die Menschen, denen mein Sohn regelmäßig begegnete. Ich schrieb die Bezeichnungen der Dinge und die Namen der Menschen dazu und überpinselte meine Malereien mit Klarlack, um sie haltbar zu machen. Während meine Frau und ich außer Haus arbeiteten, spielte mein Sohn mit der Babysitterin. Sie las ihm die Namen der gemalten Personen vor, und wenn wir nach Hause kamen, sagte er uns alle Wörter, die er während des Tages gelernt hatte.

Rückblickend gesehen war es tatsächlich eine Zeit der Armut, in der ich nicht wusste, was das Morgen uns bringen würde. Aber ich war mit den wenigen Mitteln, die mir zur Verfügung standen, kreativer, als ich es heute bin. Die Spielzeugwelt, die ich dann später als Großvater kennenlernte, hätte ich mir im Traum nicht vorstellen können. Meine Enkeltochter besaß eine ganze Reihe Spielzeuggeschirr – nahezu eine vollständige

Kücheneinrichtung –, und das Spielzeugauto meines Enkels-
ohnes konnte ich von einem echten Auto nur unterscheiden,
weil es kleiner war. Ich hatte jedoch den Eindruck, dass dieses
ausgefeilte Spielzeug einen zu starren Rahmen für die Spiele
der Kinder bildete. Fragen Sie sich nicht auch manchmal, ob
die Kreativität der Kinder damals nicht besser gefördert wurde,
als es außer einem Sandkasten mit ein paar Blüten und Pflanzen keine weiteren Spielsachen gab?

Natürlich, Geld kann viele Probleme auf einfache Weise lösen, aber es beschneidet auch in mehr als einer Hinsicht unsere Freiheit. Ich habe einen Bekannten, der früher wohlhabend
war, aber während der Finanzkrise in Asien 1997/98 alles verlor
und bankrottging. Viele unserer gemeinsamen Freunde griffen
ein, um ihm zu helfen, und boten ihm Arbeitsstellen an, aber
er schlug diese Angebote aus, immer mit der gleichen Antwort: Er könne so eine Arbeit unmöglich machen. Als früherer
Unternehmer, für den hundert Angestellte gearbeitet hatten,
weigere er sich, «unter seinem Niveau» zu arbeiten. Ich fragte mich, ob sein Wohlstand seine Sicht auf das Leben so sehr
eingeschränkt hatte, dass er sich der «normalen», für ihn unbekannten Welt völlig verschloss.

Wir alle sind uns einig, dass Geld wichtig ist. Und je länger
wir leben, desto wichtiger kann es werden. Ein Leben in finan-
zieller Abhängigkeit ist bedrückend. Wir alle sollten deshalb
versuchen, selbst für unseren Lebensunterhalt aufzukommen,
denn Würde und Selbstwertgefühl wurzeln in unserer finanziellen Unabhängigkeit. Folglich ist es notwendig, dass man für
das Leben im Ruhestand einen klugen Finanzplan aufstellt.
Die meisten von uns sind keine Millionäre, aber wenn wir ver-
antwortungsbewusst handeln wollen, planen wir unsere finanzielle Zukunft schon rechtzeitig vor der Rente.

Doch so wichtig Geld auch ist, wir neigen dazu, uns zu viele
Sorgen darum zu machen. Selbst wenn sie viel gespart haben,

leben viele Menschen mit dem quälenden Gefühl, dass etwas schiefgehen könnte und sie dann vielleicht nicht mehr genug Geldmittel zur Verfügung hätten. Sie sind wie getrieben von dem ständigen Verlangen nach Geld. Diese psychische Verfassung ist heutzutage so häufig, dass der britische Psychologe Roger Henderson einen Namen dafür prägte: Money Sickness Syndrome (MSS). Der Begriff beschreibt einen Zustand, in dem man sich zwanghaft Sorgen um Geld macht, obwohl man finanziell auf der sicheren Seite ist.

Warum also machen wir uns Sorgen? Normalerweise ist die Wurzel aller Ängste und Sorgen immer die gleiche: unser Nichtwissen. Weil wir nicht einschätzen können, was uns im Alter erwartet, fürchten wir uns vor dem Altwerden, und weil wir nicht wissen, was uns nach dem Tod erwartet, fürchten wir uns vor dem Tod. Genauso wenig wissen wir, wie viel Geld wir in Zukunft, ob nun für das Alter oder für Notzeiten, wirklich brauchen werden, daher machen wir uns Sorgen und beschäftigen uns zwanghaft mit Gelddingen. Die Schätzungen, wie viel Geld man im Alter braucht, gehen weit auseinander. Wer Golf spielen und reisen und einen aufwendigen Lebensstil pflegen möchte, braucht natürlich mehr als jemand, der sich mit einem bescheidenen Dasein begnügt. Wichtig ist, sich zu fragen, was und wie viel man wirklich zum Leben braucht. Golf und Kreuzfahrten zum Beispiel sind sicherlich nicht lebensnotwendig, und wenn man sich klarmacht, mit wie wenig man letztlich auskommen kann, überwindet man vielleicht auch die Angst vor Armut.

Im Alter kann man sich natürlich auf Ersparnisse verlassen, aber man muss außerdem sein eigener, gewitzter Buchhalter werden. Geld ist immer ein Mittel, nie ein Zweck an sich. Denken Sie daran: Wir beherrschen und benutzen das Geld, nicht umgekehrt. Klar, warum sollte man nicht möglichst viel Geld zusammenraffen, solange man es noch kann – aber vergessen

Sie nicht, dass Sie in der Beziehung mit dem Geld der Boss sind, und lassen Sie es für sich arbeiten.

Eine große Tugend, die Sie pflegen können, ist der Mut, von wenig zu leben, wenn das nötig ist. Meine Mutter war bis zu ihrem letzten Lebenstag sehr genügsam. Sie kochte einfache Gerichte, wie Nudeln oder Reis mit Bergkräutern, und änderte alte Kleidungsstücke, statt sie wegzuwerfen. Sie ließ sich von Geldmangel nicht unterkriegen und fand ihren Lebenssinn in den buddhistischen Tempeln. Ob mit oder ohne Geld, sie lebte ein glückliches Leben. Meine Mutter hatte die gesündeste Beziehung zum Geld, die ich je erlebt habe. Geld kann uns Freiheit verschaffen, aber wir dürfen unsere Freiheit nicht um des Geldes willen aufgeben. Haben Sie keine Angst davor, einfach zu leben – oder sogar noch einfacher. Wenn wir lernen, uns auf ein einfaches Leben einzulassen, kann uns das im Alter befreien.

Ich selbst bemühe mich jedenfalls um ein einfaches Leben. Schon lange nehme ich mir vor, mein Zimmer auszuräumen, bis es so leer ist wie eine Mönchszelle. Das heißt, ich strebe eine minimalistische Lebensweise an. Ich träume davon, mich mit nur einem Minimum an Dingen zu umgeben, nur mit dem Notwendigsten. Und meine ganze Energie möchte ich in die Arbeit investieren, die ich sinnvoll und motivierend finde. So, wie der deutsche Psychoanalytiker Erich Fromm es in seinem Buch *Haben oder Sein* darlegte, möchte ich in meinem Leben den Schwerpunkt auf das Sein legen, nicht auf den Besitz.

In der Realität jedoch quillt mein Zimmer über von allen möglichen Dingen. Bücher sind zu Türmen gestapelt, und der Fußboden ist häufig mit Papier übersät. Ich tue mein Bestes, um aufzuräumen, aber es ist, wie es ist. Was macht man da? Ich wünsche mir weniger materielle Dinge in meinem Zimmer und ein deutlich einfacheres Leben. Aber es gibt keinen anderen Weg dorthin als häufigeres Aufräumen und die ständige

Übung des Loslassens, so lästig das auch sein mag. Wenn ich das Loslassen nicht bald lerne, wird es meinen Kindern später vermutlich erst recht schwerfallen, sich von meinen Dingen zu trennen, oder nicht? Um der Tage willen, die mir noch bleiben, und um meiner Kinder willen, wenn ich einst nicht mehr da bin, sollte ich alles, was mir keine Freude mehr macht, hinauswerfen.

Im Alter ist Einfachheit unsere beste Freundin. Das gilt sowohl für finanzielle Entscheidungen und für den Lebensstil als auch für die Gefühle und die eigene Innenwelt. Als älterer Mensch stellt man vielleicht fest, dass die Emotionen sehr komplex und ungeordnet sind und man über vieles nachdenkt. Doch selbst wenn man nicht krank ist, kann das Alter das Denken verlangsamen und den assoziativen Fähigkeiten im Weg stehen. Schlimmer noch, das Gedächtnis kann einen im Stich lassen. Vielleicht kennen Sie es von sich selbst oder haben beobachtet, wie jemand anders nicht zum Punkt kommen konnte oder allzu oft den Faden verlor – das alles sind Symptome für die eingeschränkte Denkfähigkeit.

Mit den Gefühlen ist es ganz ähnlich. Da starke Emotionen körperliche Reaktionen hervorrufen können, kann jede Eskalation eines Gefühls im Alter die Gesundheit schädigen und sogar lebensbedrohlich sein.

Als Warnung möchte ich Ihnen die Geschichte eines Kollegen erzählen, der am Abend jenes Tages starb, an dem er auf der Beerdigung seines besten Freundes gewesen war. Anders als die anderen Trauergäste konnte er vor dem Foto seines Freundes nicht aufhören, heftig zu schluchzen. Alle versuchten, ihn zu beruhigen, aber er war untröstlich. Kurz nachdem er wieder zu Hause angekommen war, starb er ohne erkennbare Ursache. Er hatte zwar einige gesundheitliche Probleme gehabt, aber sie waren nicht ernst gewesen. Der Grund für seinen Tod war seine überwältigende Trauer.

Auch übermächtige Freude kann uns im Alter zur Gefahr werden. Im Jahr 2009 wurde ich während meiner Reise nach Nepal von einer solchen großen Freude überwältigt. Der Student, der mich schon auf meiner ersten Nepalreise begleitet hatte, war auch in diesem Jahr wieder dabei, jetzt mit einer Gruppe eigener Studenten, denn inzwischen war er selbst Professor. Ich war überglücklich, weil der kleine Same der guten Absicht, den ich zwei Jahrzehnte zuvor gesät hatte, endlich Früchte trug. Am liebsten hätte ich es laut von allen Dächern gerufen. Es war nicht einfach Freude, sondern Euphorie, Ekstase, geradezu ein Rausch. Diese extremen Emotionen waren allerdings für meinen Körper zu viel, und mein Blutdruck schoss in die Höhe. Ich nahm alle Blutdrucksenker, derer ich habhaft werden konnte, und versuchte, mich zu entspannen. Aber während der ganzen Woche, die ich an der nepalesischen Grenze verbrachte, stieg mein Blutdruck immer weiter an, und er stabilisierte sich erst wieder, als ich nach Kathmandu zurückkehrte.

Im Alter sollte man *he-noh-ae-rak*, die vier wichtigen Emotionen Freude, Zorn, Kummer und Lust, in Schach halten, damit keine von ihnen außer Kontrolle gerät. Dass unsere Sinnesorgane im Alter schwächer werden, ist insofern von Vorteil, als dass diese relative Abgestumpftheit vor extremen Gefühlen schützen kann. Dennoch sollten wir lernen, unsere Emotionen zu beherrschen. Damit meine ich nicht, dass man vorhandene Gefühle unterdrücken oder ignorieren sollte. Das würde nur dazu führen, dass sie sich aufstauen und irgendwann später dann explodieren. Ein gutes Beispiel dafür ist *hwa-byung*, ein psychisches Leiden, das man bei vielen asiatischen Menschen der älteren Generationen findet, die gezwungen waren, über lange Zeit hinweg ihre Wut zu unterdrücken. Nein, ich meine vielmehr, dass man die bereits erwähnten Verhaltensmuster ablegen sollte: Man sollte nicht zu viel in Dinge hineininterpretieren und sie nicht übermäßig aufbauschen. Stattdessen sollte man lernen, die Dinge so zu nehmen, wie sie kommen. Auf diese Art trainieren wir die Bewältigung von Gefühlen genauso, wie man den Herzmuskel trainiert, damit er kräftiger wird.

Je älter wir werden, desto festgefahrener werden wir in unseren Gewohnheiten – und desto schneller reagieren wir auch in der gewohnten Weise auf Reize. Das Training im Umgang mit Gefühlen kann dadurch kompliziert und langwierig werden. Ich schlage vor, mit der leichtesten Übung zu beginnen. Sie besteht darin, dass man die Gefühle anerkennt, bevor sie sich aufblähen. Das heißt, wenn man wütend wird, sollte man dieses Gefühl ausdrücken, indem man sagt: «Ich bin wütend.» Und wenn man traurig ist, sagt man: «Ich bin traurig.» Aufgestaute Gefühle explodieren meist deshalb, weil man sie nicht rechtzeitig geäußert hat. Bei vielen kleineren Anlässen kann man sie noch unterdrücken, aber sie ballen sich zusammen, und irgendwann kommt es dann zum großen Knall. Vielleicht meint man in dem Moment sogar, ein Anrecht auf Mitgefühl seitens der Mitmenschen zu haben. Aber wie können andere etwas verstehen, das man nie geäußert hat? Die Grundlage einer gesunden Beziehung ist der geschützte Raum, den wir füreinander schaffen, damit wir uns öffnen und aufrichtig mitteilen können, was in uns vorgeht. Sprechen Sie daher frei über Ihre Gefühle. Das ist der erste Schritt, um sich nicht von Emotionen überwältigen zu lassen.

Als Nächstes geht es darum, die richtigen Worte für das zu finden, was man fühlt. Wenn man vor Wut kocht, ist das mehr als gewöhnlicher Ärger. Unter der Oberfläche finden sich vielleicht Traurigkeit und Selbstmitleid, weil einem Unrecht geschehen ist. Bauen Sie sich daher ein reichhaltiges Vokabular für Ihre Gefühle auf, denn so können Sie vermeiden, dass Sie sich auf einen einzigen Aspekt einer komplexen Gefühlslage festlegen und diesen dann irrtümlich aufbauschen. Außerdem kann es allein schon befreiend sein, die eigenen Gefühle zu beschreiben.

Einmal kam eine ältere Patientin wegen ihrer Eheprobleme zu mir. Sie spürte, wie sich ihre Brust immer wieder zusammenzog und der Zorn in ihrer Kehle aufstieg – Symptome von *hwa-byung*, die aus jahrelangen ungelösten emotionalen Konflikten mit ihrem Ehemann resultieren. Sie klagte über vierzig Jahre Ehe mit einem selbstsüchtigen Mann, der sie unglaublichen Härten aussetzte. Sie muss beinahe übermenschliche Geduld aufgebracht haben, um es so lange mit ihm auszuhalten. Ich fragte sie, ob sie jemals zu ihrem Mann gesagt hatte: «Ich kann so nicht weitermachen», oder: «Da muss sich etwas ändern.» Sie antwortete, das habe sie nie versucht. Ihr ganzes Leben lang hatte sie einfach den Mund gehalten und alle Klagen heruntergeschluckt. Daraufhin bat ich sie, ihren Mann einmal mitzubringen. Doch das tat sie nicht, und sie setzte sich auch nicht mit ihm zusammen, um sich auszusprechen. Die Abstände zwischen unseren Sitzungen wurden immer größer, und bald kam sie gar nicht mehr. Ich konnte nicht anders, ich war niedergeschlagen. Wenn man starke Gefühle unterdrückt, statt mit ihnen umzugehen, weiß man nicht, auf welche Weise sie sich eines Tages Raum verschaffen werden. Und selbst wenn meine Patientin nie zu drastischen Maßnahmen greifen sollte, würde sie noch auf dem Sterbebett von diesen ungelösten Konflikten verfolgt. Auch kurz vor dem Tod noch nicht frei von solchen emotionalen Belastungen zu sein ist jammerschade.

Im Alter hat man oft das Gefühl, dass es an der Zeit ist, die eigenen Angelegenheiten in Ordnung zu bringen. Man möchte alten Groll loslassen und sich mit den Menschen versöhnen, mit denen man nicht in Frieden lebt. Dahinter steht der schlichte Wunsch, diese Welt leichten Herzens verlassen zu können. Wer sich an seinem letzten Lebenstag frei fühlen möchte, sollte den Weg zu diesem Ziel eher früher als später beschreiten. Genauso, wie man sein Zuhause von überflüssigem Krempel befreien und es aufräumen sollte, sollte man auch sein Herz erleichtern und in seinen Gefühlen Ordnung schaffen. Und die Voraussetzung dafür ist, dass wir lernen, unsere Gefühle zu akzeptieren und in Worte zu fassen. Wenn wir Experten darin werden, unsere Emotionen zu deuten und mitzuteilen, dann ist das Gröbste geschafft. Liebe Leserinnen und Leser, wenn Sie sich ebenfalls das Glück der Einfachheit wünschen, sollten Sie diese beiden Schritte beherzigen.

7

....

Beharrlichkeit

Als ich im Jahr 2011 einmal mein Telefonbuch durchsah, stieß ich auf die Nummer eines Vetters zweiten Grades. Ich rief ihn an, und er ging sofort ans Telefon und meldete sich mit fröhlicher Stimme. Ich fragte ihn nach seinem Befinden, und er antwortete: «Vetter, ich bin in einem Pflegeheim.»

«Oh, arbeitest du da ehrenamtlich?»

Er hatte koreanische Literatur gelehrt, und im Ruhestand hatte er so viel ehrenamtliche Arbeit geleistet, dass er recht häufig in den Lokalzeitungen von Gangneung auftauchte. Daher nahm ich an, dass er auch jetzt im Seniorenheim ehrenamtlich tätig war. Doch er erklärte: «Nein, ich meinte, ich wohne in diesem Pflegeheim. Ich glaube, es ist an der Zeit, dass ich für mich selbst ehrenamtlich arbeite.»

«Du meine Güte, das muss für deine Frau ja sehr schwer sein!»

«Sie ist auch hier. Ich habe Parkinson, und meine Frau kann mit ihren schlimmen Gelenken kaum noch laufen, deswegen wohnen wir jetzt beide hier.»

«Das nenne ich mal Flitterwochen ...»

Sie beide krank zu wissen machte mich traurig, aber dass sie immerhin zusammen in dem Seniorenheim wohnten, fand ich erleichternd. Es wäre ein Segen, wenn wir alle gemeinsam mit unserem Lieblingsmenschen ein Leben lang gesund wären und dann am gleichen Tag sterben würden, aber leider steht das nicht in unserer Macht. Im Alter müssen viele Menschen nicht nur mit ihren eigenen Krankheiten umgehen, sondern oft auch noch mit der Trauer nach dem Tod des Partners oder der Partnerin zurechtkommen. Daher ist es meiner Ansicht nach – unabhängig von der eigenen gesundheitlichen Verfassung – gut für die psychische Stabilität, wenn man die Partnerin oder den Partner an der Seite hat.

∽

«Herr Professor Rhee, meine Frau ist heute gestorben.»

Diese Nachricht erhielt ich eines Tages von meinem früheren Professor. Ich erschrak. Er und seine Frau gingen auf die neunzig zu, daher hätte ich eigentlich nicht so überrascht sein sollen. Aber ich hatte nicht erwartet, dass seine Frau vor ihm sterben würde, denn sie war immer viel gesünder gewesen als mein Professor, der stets viele gesundheitliche Probleme gehabt hatte. Wie würde er ohne seine Frau zurechtkommen? Sie war immer seine beste Betreuerin und Unterstützung gewesen. Ich war nicht der Einzige, der sich Sorgen um ihn machte, vielen unserer gemeinsamen Bekannten ging es genauso.

Auf der Beerdigung sah er aus, als wäre er über Nacht geschrumpft. Er muss sich gefühlt haben, als wäre eine Hälfte seines Körpers von ihm gerissen worden, hatte er doch seine Lebensgefährtin und seine größte Stütze verloren. Als er mich sah, ließ er seinem Kummer freien Lauf und klagte, er sei so hin- und hergerissen und wisse nicht einmal, ob er seiner Frau einfach folgen oder aber weiter am Leben festhalten solle. Ich konnte seine tiefe Trauer kaum ermessen. Nach langem Schweigen sagte ich in der Hoffnung, ihn umstimmen zu können:

«Konfuzius hat gesagt, das menschliche Leben ist Sache des Himmels. Keiner von uns hat sich dafür entschieden, geboren zu werden. Und keiner von uns hat sich bei der Geburt für das Schicksal zu sterben entschieden. Aber etwas daran zu ändern steht nicht in unserer Macht, und wir können über unser menschliches Schicksal nicht mitbestimmen. Ich wünsche mir, dass Sie das Leben wertschätzen – bis zu dem Tag, an dem der Himmel Sie ruft.»

Einige Tage später schickte er mir eine Nachricht: «Herr Professor Rhee, ich möchte weiterleben, bis ich mindestens neunzig bin.»

Er war damals achtundachtzig. Doch ich glaube nicht, dass er sein Leben auf Erden wirklich auf zwei weitere Jahre begrenzen wollte. Ich denke, er wollte mir seine Entschlossenheit mitteilen, trotz seines großen Verlustes bis zu seinem natürlichen Ende durchzuhalten. Und wahrscheinlich hatte bei seiner Zerrissenheit seine große Trauer mitgespielt, seine Mutlosigkeit angesichts des Todes seiner Frau. Ich versicherte ihm, dass ich an ihn glaubte und er das, was auf ihn zukommen würde, auch ohne seine Frau bewältigen könne. Dabei hoffte ich sehr, dass meine Worte ihn aufmuntern würden.

Beharrlichkeit bezeichnet die Fähigkeit, trotz Schwierigkeiten oder verzögertem Erfolg standhaft zu bleiben und seine Ziele weiter zu verfolgen. Im Ringen gibt es den Ausdruck «par terre»: Ein Ringer muss sich – als Strafe für Passivität – flach auf den Bauch legen und die Angriffe seines Gegners von hinten abwehren. Wenn der Ringer es schafft, lange genug durchzuhalten, darf er wieder aufstehen und den Kampf weiterführen. Meistens wird die Tugend der Beharrlichkeit von denjenigen gefordert, die bereits am Boden liegen. Sie beinhaltet, dass man sich einer Situation stellt, die man nicht beeinflussen kann.

Das Leben besteht aus Höhen und Tiefen. Es gibt Zeiten, in denen gleitet es so reibungslos dahin wie ein neues Cabrio auf der Autobahn, und Zeiten, in denen man über ein Hindernis nach dem anderen stolpert, wie ein Traktor, der sich über einen schlammigen Feldweg kämpft. Manchmal fühlt man sich unbesiegbar, und ein andermal findet man sich in der Gosse wieder und möchte alles aufgeben. Jedes Leben hat sicherlich seine Schattenseiten, aber nach jeder schwierigen Phase wird man mit besseren Jahren belohnt. Beharrlichkeit gehört also zu den wichtigsten menschlichen Tugenden.

Wie geht man mit einem Sturm um? Man sucht Zuflucht an einem sicheren, geschützten Ort und wartet, bis er abzieht. Im Leben ist es genauso: Wenn es schwierig wird, hält man sich zurück und wartet ab.

Wir Menschen haben im Grunde keine andere Wahl, als in bestimmten Lebenslagen durchzuhalten. In Wahrheit sind wir alle schwach, nicht stark; wir sind Verlierer, keine Gewinner, denn niemand von uns kann dem unvermeidlichen Ende entgehen – dem Tod. Eines Tages lassen unsere körperlichen und geistigen Kräfte nach, und schließlich müssen wir alle irdischen Besitztümer hinter uns lassen. Das gilt auch für diejenigen von uns, die höchstes Ansehen erworben, großen Reichtum angesammelt oder brillante Leistungen erbracht haben. Manche Menschen werden angesichts des unvermeidlichen Endes zu zynischen, unverbesserlichen Nihilisten. Sie fragen: «Warum sollen wir uns anstrengen, wenn doch alles für die Katz ist?»

Diese Menschen machen den Fehler, Beharrlichkeit mit einer passiven Lebenseinstellung zu verwechseln. Ja, das Leben kann wie eine endlose Anstrengung erscheinen, und wir haben manchmal das Gefühl, bis zur Erschöpfung durchhalten zu müssen, weil immer wieder Dinge auf uns zukommen, die wir nicht kontrollieren können. Wir werden vom Schicksal am Genick gepackt, weitergeschleift und herumgestoßen. Wir sind zornig, so ohnmächtig zu sein, und das zu Recht. Es liegt in der Natur des Menschen, Entscheidungen im Leben selbst treffen zu wollen. Wenn wir uns eingestehen müssen, dass zu leben bedeutet, sich passiv dem Schicksal hinzugeben, ist es da nicht verständlich, wenn viele von uns frustriert und wütend sind?

In vieler Hinsicht halte ich diesen Zorn für gerechtfertigt. Manche behaupten, wir besäßen die Freiheit, unser Leben selbst zu gestalten, aber viele lebensentscheidende Faktoren stehen von Beginn an fest. Nationalität, Geschlecht und Familie bestimmen meistens die Hauptrichtung in unserem Leben. Es ist also in hohem Maße vom Schicksal geprägt, und von Geburt an müssen wir dieser Bestimmung folgen. Niemand kann das ändern.

Doch auch wenn wir an unserem grundlegenden Schicksal nichts ändern können, können wir uns doch aussuchen, wie wir damit umgehen, und so unser Leben selbst in die Hand nehmen. Die aktive Gestaltung des eigenen Lebenslaufes beginnt damit, die Gegebenheiten zu akzeptieren. Das Schicksal mag vorgegeben sein, aber sobald man es annimmt und sich zu eigen macht, lernt man, das Leben zu lieben und innerhalb der gegebenen Rahmenbedingungen Glück zu finden. Geschichten über scheinbar unmögliche Siege im Leben berühren uns immer wieder tief. Das liegt nicht daran, dass Menschen ihr Schicksal durch einen Sieg vollkommen verändern konnten, sondern an der Art und Weise, wie sie ihr Schicksal bewältigten. Vielleicht inspirieren uns Lebensgeschichten am meisten, in denen wir sowohl schmerzhafte Selbsterkenntnis als auch unerschütterliche Beharrlichkeit angesichts der realen Umstände finden. Dabei denke ich an meinen früheren Professor, der sich sogar mit fast neunzig Jahren noch entschloss, dem Leben die Stirn zu bieten.

Es ist leicht, das Schicksal verantwortlich zu machen, insbesondere, wenn die Dinge nicht so laufen, wie man es gern hätte. Man hat sein Bestes getan, also geht man nachsichtig mit sich um. Das ist verständlich. Doch wenn man sich dann wieder gesammelt hat, sollte man den Kopf heben und neu beginnen. Zu unserem Schicksal gehört es auch, dieses Spiel, das wir nicht gewinnen können, weiterzuspielen – ganz gleich, wie oft wir verlieren. Wir alle müssen lernen, uns an diese üble Tatsache namens Schicksal zu gewöhnen. Wir wurden geboren, und jetzt sind wir, wenn auch nicht aus freien Stücken, auf der Welt und am Leben. Und es ist *unser* Leben, es gehört niemandem sonst, daher sollten wir ihm alles geben, was uns möglich ist. Ein Leben, das wir nicht ganz in Besitz genommen haben, wird uns eines Tages heimsuchen, und auf dem Sterbebett werden wir dieses Versagen zutiefst bedauern. Am Ende eines Tages, an dem wir das Leben voll ausgekostet haben, erwartet uns eine schöne, erholsame Nachtruhe, und nach einem in vollen Zügen gelebten Leben erwartet uns ein friedlicher Tod. Wer sein Leben mit allem Glück und allen Schattenseiten intensiv gelebt hat, den wird der Himmel am Ende für seine Beharrlichkeit entschädigen. Das ist die Bedeutung der berühmten Worte des Konfuzius.

8

Das Glück der kleinen Dinge

Einer meiner Freunde hat ein außergewöhnlich gutes Gedächtnis. Wenn wir uns unterhalten, tauchen plötzlich alle Erinnerungen wieder auf, die tief in mir vergraben gewesen waren, und überfluten mich in einer wilden Woge. Die misslichen, aber urkomischen Situationen, in denen wir uns wiederfanden, wenn wir betrunken waren; wie ich einmal für das Vergehen eines Freundes den Kopf hinhielt; oder die zufällige Begegnung mit einem bewunderten Dichter in einem Café, wo wir dann spontan eine Art informelle Konferenz abhielten – ich könnte die Liste beliebig fortführen. Bei unseren Gesprächen beneide ich meinen Freund immer um dieses reiche Füllhorn an Erinnerungen. Je mehr herzerwärmende Erinnerungen uns nämlich zur Verfügung stehen, desto besser sind wir für die möglicherweise einsamen und herausfordernden Tage des hohen Alters gerüstet.

Wenn ich mit einer Tasse Tee am Schreibtisch sitze, stelle ich oft fest, dass ich in Erinnerungen schwelge. Dabei beschäftige ich mich in Gedanken nicht mit den besonderen Ereignissen, wie etwa Reisen, die mein Leben veränderten, oder Leistungen oder Ehrungen, sondern meistens denke ich an alltägliche Momente, wie wir alle sie erleben. Das sind zum Beispiel die schönen Zeiten, die ich mit meinen Kindern verbrachte, erfreuliche Gespräche mit meinen Patienten oder der tief empfundene Frieden auf Bergwanderungen. Diese ganz gewöhnlichen Erinnerungen zaubern unversehens ein Lächeln auf meine Lippen, das Herz geht mir auf vor lauter Freude, und ich gehe gestärkt in den Tag.

Zu meinen schönsten Erinnerungen zählt das Jahr, in dem meine Frau am Professorenaustausch teilnahm und ein Sabbatjahr im Ausland machte, denn dadurch verbrachte ich mehr Zeit mit meinen Kindern. Zum Glück hatten wir eine Hilfe bei der Hausarbeit, und eine Freundin meiner Frau hatte sich bereit erklärt, die Kinder zur Schule zu bringen und wieder abzuholen, daher konnte ich meine Arbeit im Krankenhaus und die Aufgabe, mich um die Kinder zu kümmern, miteinander vereinbaren. Aber ich hatte keine Ahnung, wie ich meine vier Kinder, die alle noch in die Grundschule gingen, am Wochenende beschäftigen sollte. Zu jener Zeit richtete die größte Tageszeitung Südkoreas, die *Hankook Ilbo*, eine allwöchentlich stattfindende Veranstaltung aus, «The Weekend Tortoise Marathon» genannt. Die Tortoise, die Schildkröte, ist mit dem Igel im sprichwörtlichen Rennen zwischen Hase und Igel vergleichbar. Ich meldete uns dafür an und nahm dann ein Jahr lang jeden Sonntag zusammen mit meinen Kindern an diesem «Marathon» teil.

Der Lauf begann und endete am Nationaltheater Koreas im Stadtteil Jangchung, und der achteckige Pavillon oben auf dem Berg Namsan mit dem herrlichen Blick über Seoul diente als Station auf halber Strecke. Und wie der Name schon sagt, bei diesem Schildkrötenrennen ging es nicht um Schnelligkeit oder darum, der Erste zu sein, sondern man zelebrierte den schönen Weg durch den großen Park, indem man im eigenen Tempo loslief oder dahinschlenderte. Meine Kinder und ich entschieden uns, den Weg als langen Spaziergang zu betrachten und ihn ohne Eile gemeinsam zurückzulegen. Bis heute habe ich nichts Schöneres gesehen als meine Kinder an jenen Sonntagen, wenn sie in der warmen Sonne schweißgebadet auf den breiten Treppen des Pavillons herumtobten.

Nach einer kurzen Pause am Pavillon kehrten wir zum Theater zurück und nahmen dort an der Tombola teil. Wir saßen alle zusammen auf der Treppe und warteten, bis der letzte Name laut aufgerufen worden war. Das ganze Jahr lang hofften wir darauf, dass einer unserer Namen aufgerufen werden würde, aber immer wieder vergeblich. Doch die gespannte Erwartung allein war schon ein kleines Vergnügen. Wenn wir dann wieder einmal nichts gewonnen hatten, gingen wir nach Ojang-Dong, um dort die berühmten kalten Buchweizennudeln nach Hamhung-Art zu essen, bevor wir nach Hause zurückkehrten.

Diese ganz alltäglichen Momente mit meinen Kindern bleiben für mich die glücklichsten Erinnerungen meines Lebens. Selbst heute noch denke ich an den Marathon, wenn ich am Pavillon vorbeigehe, wenn ich jungen Eltern begegne, die ihre Kinder an der Hand halten, oder wenn ich sehe, wie meine Kinder mit meinen Enkelkindern spielen. Und dann wünsche ich ihnen im Stillen, dass sie solche Momente ebenfalls zu schätzen wissen und sie in den kommenden Jahren noch viele davon erleben werden. Diese gewöhnlichen, alltäglichen Erlebnisse sind die wichtigsten Zutaten für ein glückliches Leben.

In meiner jetzigen Lebensphase sprechen meine Freunde und ich, wenn wir uns treffen und zusammensitzen, etwa achtzig Prozent der Zeit über unsere Vergangenheit. Interessanterweise erinnern meine Freunde sich ebenfalls mit Vorliebe an die ganz normalen, alltäglichen Ereignisse. Das finde ich verblüffend. In meiner Jugend strebte ich nach Glück und Sicherheit, auch wenn beides unerreichbar erschien, aber jetzt, in der Abenddämmerung meines Lebens, erkenne ich, dass das Glück stets ganz nah war und ich es tatsächlich hätte ergreifen können, wann immer ich wollte. Aber was kann ich jetzt noch tun? Damit will ich nicht sagen, dass das alltägliche Glück unser wichtigstes Ziel im Leben sein sollte. Glück fällt uns ganz von selbst zu, wenn wir unser Leben intensiv leben.

Ich möchte hier betonen, wie wichtig es ist, auf die kleinen Momente des Glücks zu achten, die im Alltagsleben verborgen sind. Wenn Sie einer jüngeren Generation angehören, stehen

Sie morgen früh wahrscheinlich wie immer im Stau, machen dann Überstunden, sind anderer Meinung als Ihr Vorgesetzter, und nachdem Sie Ihre Kinder versorgt haben, sind Sie so müde, dass Sie wieder mal mit dem Smartphone in der Hand einschlafen. Solche Routinen sind unvermeidlich. Doch man sollte auch ihre positiven Seiten sehen und nach den kleinen Freuden in der Monotonie des Alltags suchen. Vielleicht ist es aufschlussreich und macht Spaß, auf dem Weg zur Arbeit die anderen Pendler zu beobachten, vielleicht kann man sich den Vormittag verschönern, indem man seinen Kaffee zusammen mit Kollegen trinkt, oder man kann abends gemeinsam mit den Kindern kochen und abwaschen und ein Spiel daraus machen. Und falls etwas Unvermeidliches ansteht, sollte man zumindest dafür sorgen, dass es einem nicht die Laune verdirbt. Das ist der Schlüssel dazu, sich eine positive Einstellung zum Leben zu bewahren, und auf diese Weise schafft man sich viele schöne Erinnerungen.

Manche Leute machen gern Bemerkungen über meinen Optimismus, wie sie ihn nennen, und beneiden mich sogar darum. Aber wer vermag zu sagen, ob ein Mensch eher optimistisch oder pessimistisch ist? Die Sicht auf das Leben hat immer zwei Seiten. Vermutlich ist es richtig, wenn man Optimismus als die Flexibilität definiert, mit der jemand die Wechselfälle des Lebens akzeptiert. Doch das einzige Geheimnis meines eigenen sogenannten Optimismus ist, dass ich sehr entschlossen auf die positiven Aspekte achte und in jeder Lebenslage etwas finde, worüber ich mich freuen kann.

Ich beginne den Tag mit der Einstellung, dass ich auch heute wieder eine schöne Erinnerung mitnehmen werde, auf die ich zurückgreifen kann, wenn ich in Zukunft vielleicht nicht mehr in der Lage bin, mich selbstständig fortzubewegen. Diese Einstellung ermöglicht es mir, in meiner unmittelbaren Nähe viele Möglichkeiten zum Glücklichsein zu entdecken.

Beim Aufwachen bin ich glücklich, weil ich einen neuen Tag erleben und einen weiteren Morgen genießen darf. Ich bin glücklich darüber, dass mein Gehör und mein Sehvermögen noch so gut sind, dass ich mir eine Fernsehsendung angucken kann. Ich bin glücklich, einfache Arbeiten am Computer erledigen zu können, obwohl ich auf einem Auge blind bin. Ich bin glücklich, wenn ich eine Taxifahrt auf der Höhenstraße vor mir habe, vorbei am achteckigen Pavillon.

Solche unspektakulären, aber kostbaren Momente wie diese werden eines Tages vielleicht zur herrlichen, glitzernden Kulisse Ihres Lebens. Diese wunderbaren kleinen Erlebnisse, die in Erinnerung bleiben, können uns irgendwann die Kraft geben, weiterzumachen. Denken Sie deshalb daran, liebe Leserinnen und Leser, auf die schönen Momente, die Sie im Hier und Jetzt erleben, zu achten und sie im Gedächtnis zu behalten. Wir können in allen Nischen des Alltags Glück finden, auch an Stellen, wo wir es nie erwarten würden.

9

Bis zur letzten Seite

Das war nicht falsch, was du gesagt hast, aber ...»
So reagierte mein Schwiegervater früher häufig. Ich war damals ein junger Mann, halsstarrig und mit festen Meinungen, und ich wusste genau, was gut und schlecht, richtig und falsch war und was mir gefiel und was nicht. Daher ärgerte ich mich über alles vermeintlich Verkehrte und bemühte mich, es zu korrigieren. Ich sagte immer geradeheraus, was ich dachte. Mein Schwiegervater beendete seinen Satz nie, auch wenn er beunruhigt war. Er muss gewusst haben, dass ich zu hitzköpfig und zu jung war, um die Welt zu verstehen, selbst wenn er versucht hätte, sie mir zu erklären.

Allmählich, Stück für Stück und Jahr für Jahr, lernte ich, was er mit seinem angefangenen Satz gemeint haben muss. Es gibt auf der Welt kein absolutes Gut oder Böse, denn im Guten kann das Böse lauern, und aus dem Bösen kann Gutes entstehen. Was mit guten Absichten begonnen wird, nimmt oft ein schlimmes Ende, und was anfangs schlecht aussieht, kann sich im Nachhinein als Segen erweisen. Es sind die zwei Seiten derselben Medaille, und wir kennen das Ende der Geschichte erst, wenn wir sie tatsächlich bis zur letzten Seite gelesen haben.

In meinem Leben gab es eine ganze Reihe unguter Wendungen. Aber waren das wirklich Krisen? Im Rückblick wird mir klar, dass sich in schwierigen Zeiten immer eine neue Tür für mich öffnete. Oder nein, es kann auch sein, dass meine verzweifelten Bemühungen, weiterzumachen, zu neuen Möglichkeiten führten. Jedes Mal, wenn ich glaubte, in einer Sackgasse zu stecken, fand ich eine kleine Nebenstraße, die mich zu etwas Neuem leitete. Es gibt im Leben keine echten Sackgassen, liebe Leserinnen und Leser, vom Sterben einmal abgesehen. Daher kann man das wahre Bild eines Lebens erst erkennen, wenn es zu Ende geht.

Als junger Mann betrachtete ich mich als angehenden Künstler. Ich liebte die Lyrik und die bildende Kunst und wollte Kunst studieren. Aber nachdem ich mich um meine kranken Eltern gekümmert hatte, beschloss ich, Arzt zu werden. Im Medizinstudium fiel es mir allerdings schwer, das große Lernpensum zu bewältigen. Ich konnte mich einfach nicht richtig darauf einlassen, denn Anatomie, Physiologie und Pathologie waren selbst für einen Bücherwurm wie mich einfach zu viel Stoff. Und die Energie, die ich zu Hause im Zusammenleben mit meiner überfürsorglichen Mutter unterdrückt hatte, brachte mich auf der Uni zum Kochen. Als ich meine lange verdrängte Frustration und meinen rebellischen Geist nicht mehr beherrschen konnte und es mir praktisch unmöglich wurde, still zu sitzen und zu studieren, setzte ich meine aufgestauten Kräfte frei, indem ich einen Wanderklub gründete. Ich wanderte tagelang auf dem Jirisan, dem zweithöchsten Berg Koreas, verkroch mich in einer Schmiede, um Steigeisen herzustellen, von denen ich in einem Buch gelesen hatte, und strandete sogar einmal für drei Tage auf einem verschneiten Berg. Dieser Abstecher vom Studium, das Bergwandern, wurde zu einer lebenslangen Passion. Während ich mich mit dem Medizinstudium abquälte, fand ich die spirituellen Begleiter meines Lebens – die Berge.

Wie Sie, liebe Leserinnen und Leser, aus einem früheren Kapitel bereits wissen, wurde ich während meiner Zeit als Assistenzarzt wegen meiner Rolle in der Aprilrevolution verhaftet und fand mich im Gefängnis wieder. Als das geschah, war mir, als würde der Himmel auf mich herabstürzen. Warum wurde ich für etwas bestraft, das ich vor vielen Jahren getan hatte, als ich noch studierte? Ich war jung verheiratet und hoffte, eine eigene Praxis zu eröffnen, sobald ich meinen Facharzt gemacht hatte, doch da erging aus heiterem Himmel dieses nieder-schmetternde Urteil. Als ich dann entlassen wurde, war ich völlig orientierungslos. Mit meiner Vorgeschichte konnte ich mich weder für ein Studium im Ausland bewerben noch würde mich jemand einstellen wollen. Nach vielen schlaflosen Näch-ten schrieb ich an den Leiter der nationalen psychiatrischen Anstalt, die von den meisten koreanischen Ärzten gemieden wurde. Ich hoffte, dass es wenigstens dort eine freie Stelle für mich geben würde, und zum Glück bekam ich einen Job.

Er war meine letzte Rettung, die einzige Tür, die ich damals öffnen konnte. Aber während meiner Zeit dort entwickelte ich mich als Arzt auf eine Weise, wie es nirgendwo anders möglich gewesen wäre. Ich nahm an vielen Forschungsprojekten auf Landesebene teil, netzwerkte mit angesehenen Ärzten aus dem ganzen Land und sammelte viele Erfahrungen aus erster Hand. An einer Universitätsklinik hätte ich mehrere Mentoren gehabt und ausschließlich Patienten mit einem kleinen Spektrum an bekannten Krankheiten gesehen. Weil ich aber in einer natio-nalen Anstalt arbeitete, der ein Stigma anhaftete, konnte ich paradoxerweise die bereichernde Erfahrung machen, eine Viel-zahl von Ärzten und Patienten kennenzulernen. Ich würde so-gar so weit gehen zu behaupten, dass meine Vorstrafe sich für mein berufliches Fortkommen letztlich als Segen erwiesen hat.

Als ich mich in diesem neuen Lebensabschnitt eingelebt hatte, glaubte ich, das Leben würde mir von nun an keine Knüppel mehr zwischen die Beine werfen. Doch dann wurde ich völlig unerwartet zum Militärdienst eingezogen. Nach der Neubewertung der Aprilrevolution galt meine Mitwirkung dar-an nicht mehr als Straftat – genauso wenig wie die Beteiligung der anderen damals inhaftierten Demonstranten. Jetzt, da ich endlich die Chance hatte, meinen Traum zu verwirklichen, Arzt zu werden, erhielt ich also einen Brief mit der Einberufung zum dreijährigen Militärdienst, den ich aufgrund meiner Vorstrafe bisher nicht hatte ableisten müssen. Ich hatte bereits daran gedacht, eine eigene Praxis zu eröffnen, aber nun musste ich mein Leben erneut drei ganze Jahre lang auf Eis legen.

Am Ende meines Dienstes als Militärarzt war ich wieder genau dort, wo ich angefangen hatte. Ich besaß keine Ersparnisse mehr, um eine eigene Praxis zu finanzieren, aber ich wollte auch nicht wieder in der psychiatrischen Anstalt arbeiten. Daher traf ich mich mit etablierten Ärzten meiner Fachrichtung und bat sie um Rat für meine berufliche Laufbahn. Damals gab es in Korea noch nicht viele Psychiater, daher konnte ich mich mit den meisten persönlich treffen. Als ich mich im Yonsei University Severance Hospital vorstellte, fragte der Direktor mich, was ich denn in meinem weiteren Berufsleben vorhätte. Zum ersten Mal bekannte ich, dass ich gern unterrichten würde, aber da mir das unerreichbar erschien, erklärte ich ihm, eine eigene Praxis eröffnen zu wollen.

Ich war immer ein wissbegieriges Kind gewesen. Wenn mich etwas interessierte, versuchte ich, es gründlich zu erforschen. Ich erkannte, dass ich an einer Hochschule, wo man Zeit und Raum zum Nachdenken hatte, mehr beitragen konnte und mich wohler fühlen würde als an einer großen medizinischen Einrichtung, wo man mit verschiedenen Aufgaben überschüttet wurde und immer sofort reagieren musste. Aber als ich ins Gefängnis kam, war mir dieser Weg versperrt worden, daher glaubte ich, eine Tätigkeit in der Lehre sei in meinem Leben nicht vorgesehen.

Doch zu meiner Überraschung rief der Direktor mich einige Tage nach unserem Treffen an, um mir eine Vollzeitstelle als Dozent anzubieten. Wieder öffnete sich unerwartet eine neue Tür. In den nächsten drei Jahren unterrichtete ich und bildete mich intensiv weiter. An der psychiatrischen Anstalt hatte ich Erfahrungen auf meinem Gebiet gesammelt, und das Yonsei University Severance Hospital gab mir die Zeit, meine wissenschaftliche Seite neu zu entdecken und weiter zu lernen. Nach diesen drei Jahren fand ich eine unbefristete Stelle am Ewha Womans University Hospital, und dort arbeitete ich als lehrender Arzt bis zu meinem Ruhestand.

Inzwischen wissen Sie, liebe Leserinnen und Leser, dass mein Leben nicht wie geplant verlief. Immer wenn ich ein bestimmtes Ziel verfolgte, stieß ich auf ein Hindernis oder aber mir wurden die Flügel gestutzt. Manchmal klagte ich, warum das alles ausgerechnet mir zustieß. Aber wenn ich in solchen Situationen nicht aufgeben wollte, musste ich etwas tun, irgendetwas. Und wenn ich dann nach jedem Strohhalm griff, bekam ich am Ende eine neue Chance. Eine neue Tür führte in eine ganz andere Welt, die ich vorher nicht einmal in Erwägung gezogen hatte.

Deshalb sollten wir niemals voreilig den Schluss ziehen, wir würden das Leben in- und auswendig kennen. Schließlich ist diese Welt vielleicht doch nicht so, wie sie zu sein scheint. Was wir für das Ende halten, könnte ein neuer Anfang sein. Wenn wir beharrlich bleiben, finden wir höchstwahrscheinlich einen Ausweg. Das Leben ist eine Geschichte, die man bis zur allerletzten Seite lesen sollte. Kein Mensch weiß jemals, was die Welt noch für ihn bereithält.

Auch im hohen Alter von siebenundachtzig Jahren habe ich nicht das Gefühl, dass ich viel von der Welt verstehe. Meine Heimatstadt war ein Schlachtfeld. Ich fürchtete, ich würde nicht alt werden, sondern im Krieg sterben. Während des Studiums träumte ich von der Demokratie, aber angesichts der Gräueltaten der damaligen Regierung war ich pessimistisch. Im mittleren Alter hatte ich die materialistische Einstellung der Leute satt, aber ich bezweifelte, dass in meinem Land, das ausschließlich auf wirtschaftliches Wachstum fixiert war, ein anderer Lebensstil möglich wäre. Aber sehen Sie sich das gegenwärtige Südkorea an: Es ist ein blühendes demokratisches Land, wo jeder ein Smartphone in der Hand hält, frei und ungehindert mit Menschen auf dem ganzen Globus kommuniziert, eine gute Work-Life-Balance anstrebt und davon träumt, sich im Leben selbst zu verwirklichen. Weder als junger Mann noch in mittleren Jahren hätte ich mir das auch nur vorstellen können.

Im Taoismus heißt es, eine Erkenntnis sei nichts weiter als ein Sprungbrett zu einer weiteren. Wenn man glaubt, man wüsste alles, was es zu wissen gibt, ist man blind für neue Möglichkeiten, an die man bisher noch gar nicht gedacht hatte. Halten Sie niemals das, was Sie wissen, für die ganze Wirklichkeit. Aber wenn Sie weiterhin an zweite Chancen glauben, auch wenn alles zu Ende zu sein scheint, werden Sie eine Tür finden, die sich in eine neue Richtung öffnet. Das ist die einzige Wahrheit über das Leben, die ich kenne und die ich Ihnen weitergeben kann, liebe Leserinnen und Leser, und das mit absoluter Gewissheit, denn ich habe siebenundachtzig Jahre gelebt.

Nachwort von Suphil Lee Park

....

Übersetzerin aus dem
Koreanischen ins Englische

Als ich Rhee kennenlernte, Jahre bevor ich dieses Buch übersetzte, hatten er und meine Mutter sich bereits eine ganze Weile geschrieben. Sie begannen ihre Korrespondenz, weil ein Familienmitglied aufgrund seiner Neurodivergenz regelmäßig Hilfe von psychiatrischen Einrichtungen benötigte. Rhee gehört zu den wenigen Pionieren, welche die Bedingungen der psychiatrischen Versorgung in Südkorea entscheidend verbesserten, und wir sind eine der vielen Familien, die ihm wegen seiner unermüdlichen Arbeit in den vergangenen Jahrzehnten Dank schulden.

Bevor er mit seiner Arbeit als Psychiater vielen neurodiversen Patienten und ihren Familien in Südkorea das Leben erleichterte, hatte er in bedeutsamen demokratischen Bewegungen mitgearbeitet. Infolgedessen musste er einen großen Teil seiner Zwanzigerjahre opfern, denn er wurde als Aktivist inhaftiert.

Seit ich ihn persönlich kennengelernt habe, war ich jedoch immer wieder erstaunt über seine bodenständige, aufrichtige und authentische Persönlichkeit.

Da ich zur jüngeren koreanischen Generation gehöre, fällt es mir nicht ganz leicht, tief gehenden Kontakt zu Älteren zu bekommen. Gleichzeitig aber finde ich Rhees Generation faszinierend, weil sie Unvorstellbares durchgemacht hat, vom Koreakrieg und den prägenden Bewegungen der Aktivisten bis hin zu den finanziellen, politischen und kulturellen Krisen meines Heimatlandes. Seine Generation ist heute unbestreitbar stärker traumatisiert als alle anderen in Korea, und gleichzeitig sprechen die Betroffenen womöglich am wenigsten über ihre gemeinsamen Traumata.

Rhees Buch gestattete mir – tatsächlich zum ersten Mal –, mich wirklich mit einer Stimme aus dieser Generation zu verbinden. Mit Wissen, Fachkenntnis, Lebenserfahrung und Empathie bietet er uns darin zeitlose Erkenntnisse über das Leben. Rhee setzt seine Stimme nicht ein, um seine Leserinnen und Leser zu tadeln oder gedankenlos zu verhätscheln oder um ein bestimmtes Dogma zu verkünden. Während meiner Übersetzungsarbeit fand ich es wohltuend, dass er an keiner Stelle unbedingt überzeugen will. Manche Ratgeber oder Anleitungen zur Selbsthilfe, die heutzutage auf dem Markt sind, drängen ihre Leser zu übergroßen Leistungen und treiben sie an, so wie Trainer es im Sport tun. Dabei geht es in diesen Büchern dann nicht nur um Rückschläge im Leben oder um persönliche Probleme, sondern sie bieten auch Anleitungen zur Entspannung und dazu, den richtigen Weg im Leben zu finden. Rhee dagegen bespricht die Themen in seinem Buch aus seiner eigenen Erfahrung, aus seinem ganz persönlichen Blickwinkel und auf eine sehr persönliche Art. In dieser Haltung schreibt er ruhig und schlicht, dass sein Leben «von großartigen Fügungen und vielen zufälligen Begegnungen bestimmt war». Und ich stelle mir vor, dass jemand wie er, der so viel durchlebt und so viele sinnvolle Aufgaben erfüllt hat, zum Ende seines Lebens hin tatsächlich zu dieser Haltung gelangen kann.

Seine Worte sind Balsam, und das hatte ich von einem Menschen, der die schlimmsten Seiten seines Landes am eigenen Leib erfahren hat, nicht erwartet. Trotz allem, was er durchgemacht hat, findet Rhee in seinem Leben vieles, wofür er dankbar ist, und er wacht jeden Morgen voller Freude auf. Zum Schriftsteller wurde er erst, nachdem er mit über siebzig in den Ruhestand getreten war, und seine Bücher sind Bestseller. Jetzt, da er bald neunzig wird, geht ein lang gehegter Traum für ihn in Erfüllung: Seine Bücher werden auf Englisch und in vielen anderen Sprachen veröffentlicht. Ich bin überzeugt, dass Leser auf der ganzen Welt seine Werke genauso inspirierend finden werden wie ich.

Der koreanische Text war in einer sehr freien Form gehalten. Das liegt zum Teil daran, dass die koreanische Sprache kontextbezogen ist und koreanische Leser mit einem fließenden Rhythmus vertraut sind. Rhee und ich haben daran gearbeitet, der englischen Ausgabe eine leichter zugängliche Struktur zu geben. Das vorliegende Buch ist das Ergebnis vieler Stunden, in denen wir überlegt und umgestellt sowie Kapitel umbenannt und neu angeordnet haben, um das Buch zum Klingen zu bringen und mehr Zusammenhang zwischen den einzelnen Teilen herzustellen. Ohne Rhees großzügige Erlaubnis, die Übersetzung so kreativ zu gestalten, wie er es im Rahmen des Buches verantworten konnte, und ohne die wunderbaren Anregungen von Suzanne, unserer Lektorin bei Rider, wäre das nicht möglich gewesen. Dankbar bin ich auch unserem improvisierten Dreamteam in Südkorea, nämlich Rhees Assistentin und seiner Frau Lee, die sich beide um die zahllosen E-Mails kümmerten, die hin- und hergingen, sodass trotz Rhees Sehschwäche keine einzige Mail unterging. Ich danke auch Rhees Enkelsohn, der sich in Rhees Auftrag als zweiter Leser zur Verfügung stellte, nachdem die erste Fassung der englischen Version fertig war.

Es ist keine Übertreibung, wenn ich sage, dass es für mich sowohl persönlich als auch beruflich eine große Ehre ist, an diesem Veröffentlichungsprozess als Rhees Übersetzerin teilzuhaben. Viele Angehörige meiner Generation stehen in der Schuld von Menschen wie Rhee, weil sie kämpften, um ihre

Heimatländer freier und demokratischer zu machen, und für mehr Gerechtigkeit und soziales Bewusstsein sorgten. Doch das vergesse ich meistens, eben weil diese Menschen sich so sehr eingesetzt haben, um uns diesen relativen Frieden zu ermöglichen. Dafür bin ich dankbar. Rhee selbst sagt, dass wir uns in dieser eng verflochtenen globalen Gemeinschaft heutzutage stärker gegenseitig beeinflussen, als wir uns vielleicht vorstellen. Meine Hoffnung ist, dass ich mit dieser Übersetzung meinen Teil dazu beigetragen habe, Rhees Stimme zu verstärken und seine Welt und Ihre Welt, liebe Leserinnen und Leser, miteinander zu verbinden.

∽

SUPHIL LEE PARK ist Schriftstellerin und Übersetzerin. Sie wuchs in Südkorea auf und fand dann eine neue Heimat in den Vereinigten Staaten, wo sie Englische Literatur und Lyrik an der New York University und an der University of Texas in Austin studierte. Sie verfasste die Lyriksammlung *Present Tense Complex*, für die sie 2021 den Marystina-Santiestevan-Preis erhielt, sowie den Gedichtband *Still Life*, der von Ilya Kaminsky für den Tomaž-Šalamun-Preis ausgewählt wurde.

Anmerkungen

1 Michel de Montaigne, *That to Study Philosophy is to Learn to Die* (1580)

2 Shin Young-bok, *Thoughts from Behind Bars* (1998)

3 Dt. zit. nach Tolstoi, *Krieg und Frieden*. Übersetzt von Barbara Conrad, München 2010, 2. Band, S. 57.

4 *Muha* ist Rhees *Ho* – ein offizieller Name für eine Person von Rang, den sie von älteren koreanischen Generationen erhalten hat, gewöhnlich von angesehenen Gelehrten oder Persönlichkeiten des öffentlichen Lebens oder der Literatur; *sarangbang* bezieht sich auf einen bestimmten Teil des traditionellen koreanischen Hauses und *hanok* auf den Teil, in dem das Familienoberhaupt residiert und wichtige Gäste bewirtet.